사랑보다
나를 더
사랑하라

세상을 잃었다고 울지 마라.
진짜 잃어버린 것은 '잠깐의 웃는 얼굴' 이다.
사랑을 잃었다고 원망 마라.
진짜 찾아야 할 것은 '나를 더 사랑하는 방법' 이다.

그림에서 배우는 연애 불변의 법칙

사랑보다
나를 더
사랑하라

피오나 지음

이콘

프롤로그 그림 속, 두 명의 여자가 보이나요? · 009

1장 웃어라, 모나리자처럼

1. 환한 미소로 세상을 내 편으로 만들어라 · 014
   레오나르도 다 빈치, 「모나리자」

2. 솔로들은 신화보다 과학을 믿어야 한다 · 022
   앤드루 와이어스, 「크리스티나의 세계」

3. 왕의 눈에 들지 않아 더 행복했던 여자도 있다 · 030
   한스 홀바인, 「안나 폰 클레베의 초상」

4. 첫 연애라고요? 나 자신을 위해 이별쯤은 각오하세요 · 038
   프랭크 딕시, 「로미오와 줄리엣」

5. 미인은 타고나는 것뿐 아니라 관리로 완성된다 · 046
   프랑수아 클루에, 「목욕하는 여인」

6. 행복한 연애는 대상 선정이 성패를 가른다 · 054
   렘브란트, 「목욕하는 벳사베」

7. 연애는 게임이다? 게임은 안 하는 사람이 이긴다 · 062
   조르주 드 라투르, 「카드 사기꾼」

8. 알코올과 니코틴은 달콤한 위로가 아니라 사랑의 적이다 · 068
   오토 딕스, 「저널리스트 실비아 폰 하르덴의 초상」

차 례

2장 사랑하라, 비너스처럼

1. 여신의 매력은 처음인 척, 모르는 척, 부끄러운 척에 있다 · 076
   산드로 보티첼리, 「비너스의 탄생」

2. 나이와 외모만으로 콤플렉스를 느낄 필요는 없다 · 084
   제임스 티소, 「온실 속에서2(라이벌)」

3. 사랑은 마주보는 것이 아니라 같은 방향을 바라보는 것이다 · 092
   에드워드 호퍼, 「밤 새는 사람들」

4. 적당히 거리를 두면 당신의 가치가 더 빛날 것이다 · 098
   장 오노레 프라고나르, 「그네」

5. 사랑에는 액셀과 브레이크의 조화가 필요하다 · 106
   에두아르 마네, 「라튀유 씨의 레스토랑에서」

6. 나를 위한 진정한 복수는 깨끗이 잊는 것이다 · 114
   신윤복, 「월야밀회」

7. 가벼운 키스가 이별의 모든 것이 될 수 있다 · 122
   카를 슈피츠베크, 「작별」

8. 섹스는 관계의 끝이 아니라 시작이다 · 128
   피에르 보나르, 「남과 여」

3장 선택하라, 르누아르처럼

1. 양다리의 함정에서 벗어나는 방법 · 136
   오귀스트 르누아르, 「시골의 춤」 「도시의 춤」

2. 조바심 내지 마라. 기다리지 않으면 이긴다 · 144
   요하네스 얀 베르메르, 「편지를 읽는 푸른 옷의 여인」

3. 남자의 말이 아니라 행동과 사랑에 빠져야 한다 · 150
   마르크 샤갈, 「생일」

4. 늦게 결혼하는 게 좋다는 말은 새빨간 거짓말이다 · 158
   살바도르 달리, 「기억의 고집」

5. 연애의 미래는 이루어지지 않은 결혼이다 · 164
   에드바르 뭉크, 「생명의 춤」

6. 짝사랑이란, 남자의 친절에 대한 착각일 뿐이다 · 170
   다케히사 유메지, 「구로후네야」

7. 프러포즈를 받을 때까지는 중복 데이트가 필요하다 · 178
   프란츠 폰 슈투크, 「여자를 둘러싼 싸움」

8. 숨겨진 사랑, 자존심에 상처를 남긴다 · 186
   윌리엄 터너, 「펫워스에서의 뮤직 파티」

4장 행복하라, 피카소처럼

1. 나를 미치게 하는 마약 같은 사랑에서 벗어나라 · 194
   에드가르 드가, 「압생트」

2. 사랑 받는 여자는 남자를 통째로 바꿀 수 있다 · 200
   오딜롱 르동, 「웃는 거미」「하얀 꽃병과 꽃」

3. 당신을 인생의 주인공으로 만들어주는 남자가 있다 · 206
   이쾌대, 「2인의 초상」

4. 죽을 때까지 약속을 지키는 남자도 있다 · 212
   장 프랑수아 밀레, 「이삭 줍기」

5. 남자의 질투는 활용하기 나름이다 · 220
   프란시스코 고야, 「옷을 입은 마하」「옷을 벗은 마하」

6. 남자들의 행복한 비명을 제대로 이해하자 · 226
   메리 커셋, 「선상 파티」

7. 결혼이란 이상형이 아니라 현실적인 상대를 고르는 것이다 · 234
   앙리 루소, 「결혼식」

8. 행복을 두려워하지 말자. 인생은 살면 살수록 장밋빛이다 · 242
   파블로 피카소, 「인생」

에필로그 관계의 해법은 나를 사랑하는 마음에 있다 252

「소녀인가, 할머니인가?」

프롤로그
그림 속, 두 명의 여자가 보이나요?

이 그림 속에 들어 있는 두 명의 여자가 보이나요? 젊은 여자 한 명밖에 안 보인다고요? 다시 한번 더 그림을 찬찬히 보세요. 아직도 젊은 여자밖에 보이지 않나요? 그렇다면 주변 사람들에게 물어보세요. 이 그림에서 젊은 여자 말고 다른 여자가 보이는지, 다른 여자를 발견한 사람이 있다면 그 사람의 설명을 들어보세요.

이 그림에는 노파도 들어 있습니다. 노파를 발견하려면 당신의 시각과 고정관념을 바꾸지 않으면 안 됩니다. 우선 이 그림에 노파가 있을 수 있다는 가능성을 두고 젊은 여자의 눈, 코, 귀를 의심해봐야 합니다. 정녕 눈이 눈이며, 코가 코이며, 귀가 귀인가를 말입니다. 노파를 발견한 뒤에는 방금 전 그림에서 보였던 젊은 여자가 어느새 사라져 있을 것입니다.

이는 게슈탈트 Gestalt 심리이론에서 말하는 '그림'과 '배경'의 원리입니다. 젊은 여자를 그림으로 보게 되면 노파는 배경이 되어 사라집니다. 반대로 노파를 그림으로 보게 되면 젊은 여자는 배경이 되어 사라집니다.

우리는 젊은 여자와 노파를 동시에 볼 수 없습니다. 이 원리는 어떤 것을 '그림'으로 보느냐에 따라 나머지 요소는 '배경'으로 인식되어 실제로 존재하면서도 우리 눈에 보이지 않게 되는 현상을 잘 설명하고 있습니다.

영국의 코톨드 미술관 Courtauld Inshtute Galleries 을 세운 사업가이자 예술품 수집 애호가 코톨드는 그림을 사기 전에 우선 자기 집에 한두 달 걸어두고 보는 것으로 유명했습니다. 늘 보는 같은 그림일지라도 시간이 지나 새로운 것을 발견하는 경우도 많기 때문이라고 합니다. 아마도 배경으로 생각해서 보이지 않았던 부분이, 어느 날 그림이 되어 눈에 들어온다는 이야기일 것입니다.

실제로 우리는 보고 싶은 것만 보고 기억하고 싶은 것만 기억합니다. 어떤 남자가 어렸을 때 어머니에게 버림을 받고, '어머니는 냉정한 사람'으로 기억하고 또 그렇게 믿고 자랐다고 합니다. 그러던 어느 날 잊혀졌던 기억 하나가 떠오릅니다. 남자는 초등학교 때 어머니가 새 아버지와 살고 있는 집에 찾아간 적이 있었습니다. 그때 어머니는 살갑게 아들을 맞아주지는 않았지만 돌아서는 그에게 500원짜리 동전을 쥐어주었는데 나중에 보니까 하나가 아니라 두 개였습니다. 새 아버지를 의식해서 어머니는 하나를 주는 척하면서 뒤에 하나를 더 붙여서 줬던 것이죠. 이 기억을 떠올린 남자는 평펑 울면서 '냉정하기만 한 어머니'라는 생각을 버릴 수 있었다고 합니다.

세상은 살기 힘든 곳이고 사랑도 어렵기만 하다고 말하는 사람이 많습니다. 그런 사람들의 이야기를 들어보면 대부분 힘들고 어려운 부분을 '그림'으로 보고, 즐겁고 쉬운 면은 배경으로 처리해 잘 못 보는 것 같습니다. 반대로 세상은 즐겁고 살 만한 곳이고 사랑은 행복한 것이라는 사람을 보면 그 사람에게는 힘들고 어려운 일이 '배경'처럼 여겨져 잘 안 보인다는 생각이 듭니다.

나 자신에 대해서도 마찬가지입니다. 늘 불행하고 자신감이 없는 사람은 어쩌면 좋은 환경과 훌륭한 재능을 갖고 있음에도 불구하고, 그 부분을 제대로 보지 못하는지도 모릅니다. 즉, 좋은 면을 배경으로 만들어버리는 것이지요. 사실 행복도 불행도 모두 내 안에 들어 있습니다. 다만 내가 그림으로 보는 것이 '행복한 면인가, 불행한 면인가?'라는 차이일 뿐입니다.

모든 것을 다 제대로 볼 수는 없습니다. 중요한 것은 무엇을 '그림'으로 보느냐입니다. 좋은 면을 그림으로 보고 나쁜 면은 배경으로 보는 연습이 필요한 까닭이 여기에 있습니다. 지금까지 내가 보고 있던 나의 모습이 과연 진짜 내 모습이었을까요? 혹시 내 안에는 그 동안 내가 미처 보지 못한 아주 사랑스럽고 행복한 여자가 들어 있을지도 모릅니다.

앞장의 그림에서 아직도 젊은 처녀만 보인다고 너무 조급해하지 마세요. 책을 읽어 가면서 그림을 보는 새로운 시각이 생긴다면 자유롭게 두 가지 그림을 다 볼 수 있게 될 것입니다.

이 책은 내 안에 감춰진 사랑스럽고 행복한 여자를 찾기 위한 네 가지 행동지침을 제시하고 있습니다. 모나리자처럼 웃고, 비너스처럼 사랑하고, 르누아르처럼 선택하고, 피카소처럼 행복해지기 위해 노력한다면 지금까지 '배경'으로 여겨져 보이지 않았던 나의 능력과 긍정적인 모습을 자유롭게 이끌어낼 수 있을 것입니다.

웃어라, 모나리자처럼

환한 미소로 세상을 내 편으로 만들어라
솔로는 신화보다 과학을 믿어야 한다
왕의 눈에 들지 않아 더 행복했던 여자도 있다
첫 연애라고요? 나 자신을 위해 이별쯤은 각오하세요
미인은 타고나는 것뿐 아니라 관리로 완성된다
행복한 연애는 대상 선정이 성패를 가른다
연애는 게임이다? 게임은 안 하는 사람이 이긴다
알코올과 니코틴은 달콤한 위로가 아니라 사랑의 적이다

웃어라, 세상이 너와 함께 웃을 것이다.
울어라, 너 혼자만 울게 되리라.
기뻐하라, 사람들이 너를 찾으리라.
슬퍼하라, 그들은 너를 떠날 것이다.

레오나르도 다 빈치, 「모나리자」

환한 미소로
세상을 내 편으로 만들어라

 이 책을 집어 든 당신을 상상해봅니다. 앞장에 있는 「모나리자」를 보고 반가운 마음에 '아, 모나리자네?' 라며 입꼬리가 살짝 올라갈 정도로 모나리자처럼 웃었다면 축하합니다! 당신도 이 책도 이미 성공한 셈입니다. '웃어라, 모나리자처럼' 이 자연스럽게 실현되었으니까요. 하지만 반대로 '뭔가 특이한 그림이라도 보여줄 줄 알았는데 겨우 모나리자야?' 라고 반문하는 분들이 있다면 지금부터 할 이야기는 그 분들을 위한 것입니다.

 우리는 '웃음' 이 좋다는 것은 너무 잘 알고 있습니다. 그렇지만 웃음이 실제로 사랑에 또 자신의 인생에 얼마나 큰 영향을 미치는지는 알지 못하는 것 같습니다.

 남자들이 좋아하는 얼굴 타입을 조사했더니 귀여운 소녀의 얼굴, 성숙한 여인의 얼굴, 웃는 얼굴 이렇게 세 종류가 나왔다고 합니다. 미모가 뛰어나지 않아도 웃는 얼굴은 충분히 매력적으로 보인다는 것입니다.

이뿐만이 아닙니다. 우리는 미소가 얼마나 큰 영향을 미치는가를 이 유명한 그림에서도 확인할 수 있습니다. 우리는 그동안 의도했든 의도하지 않았든 「모나리자」를 수백 번, 수천 번, 수만 번 이상은 보았을 것입니다. 그러나 그 무수한 만남에서도 깨닫지 못한 채 스쳐 지나간 진실이 있습니다.

바로 모나리자의 미소가 주는 의미에 대해서입니다. 어떻게 레오나르도 다 빈치 Leonardo da Vinci의 「모나리자」 그림이 이렇게 화제가 될 수 있었을까요? 아주 유명한 화가, 그것도 잘생겼다고 소문난 화가(다 빈치는 길을 걸어가면 누구나 쳐다볼 정도로 뛰어난 외모를 가지고 있었고 실제로 다른 화가들이 그를 모델로 작품을 그릴 정도였다고 합니다)가 죽은 후에 발견된 그림 속 미지의 여인. 그 여자는 여왕도 아니고 귀족도 아니었습니다. 하지만 아름다웠습니다.

다 빈치는 아무에게나 초상화를 그려주지 않는 것으로도 유명했습니다. 그러니 정체 모를 여인을 그린 「모나리자」는 사람들에게 신선한 충격으로 다가왔고, 그녀에 대한 궁금증과 다 빈치와의 관계에 대한 의문 등 온갖 소문이 꼬리에 꼬리를 물었을 것입니다. 더구나 「모나리자」는 그 당시 다른 초상화들과 비교해 멋진 옷이나 화려한 액세서리로 장식하지 않고 수수하게 자연미를 강조하고 있습니다.

예나 지금이나 가장 파급력을 가진 입소문은 '예쁘다' 혹은 '잘생겼다'라는 말입니다. 예쁘고 잘생기면 아무리 조심해도 소문이 나게 마련이고 그만큼 사람들에게 알려지기 쉽습니다. 그렇게 다 빈치가 그린 한 여인의 미소는 그후 여러 왕들이 애지중지하는 작품이 되었습니다. 그리고 이제는 셀 수 없이 많은 세상 사람들이 그 여인의 미소를 단 한 번이라도 보기 위해 프랑스 파리에 모여들고 있습니다.

그녀의 미소가 끌어당긴 것은 다 빈치의 붓만이 아니라 전세계인의 마음입니다. 미소는 세상을 내 편으로 만들고 나에게 행복을 가져다줍니다. 오늘도 모나리자는 우리에게 말 없이 미소를 보내며 '미소는 세상을 내 편으로 만든다'는 진리를 전해주고 있습니다.

이 그림을 보고 있으면 엘라 휠러 윌콕스 Ella Wheeler Wilcox의 시 「고독」의 한 구절이자 영화 〈올드보이〉에도 등장한 "웃어라, 세상이 너와 함께 웃을 것이다. 울어라, 너 혼자만 울게 되리라"라는 대사가 떠오릅니다.

우리는 흔히 기쁨은 나누면 두 배가 되고 슬픔은 나누면 반이 된다고 말합니다. 그러나 이 시는, 나눌 수 있는 것은 기쁨이고 슬픔은 혼자만의 것이라고 말하고 있습니다.

고독 Solitude

_엘라 휠러 윌콕스

웃어라, 세상이 너와 함께 웃을 것이다.
울어라, 너 혼자만 울게 되리라.
낡고 슬픈 이 땅에선 환희는 빌려야만 하고,

고통은 그 자체만으로도 가득하니까.

노래하라, 언덕들이 응답하리라.
탄식하라, 허공에 흩어지고 말리라.
메아리들은 즐거운 소리에 춤을 추지만
너의 근심은 외면하리라.

기뻐하라, 사람들이 너를 찾으리라.
슬퍼하라, 그들은 너를 떠날 것이다.
사람들은 너의 즐거움을 원하지만
너의 고통은 필요로 하지 않는다.

즐거워하라, 그러면 친구들이 늘어날 것이다.
슬퍼하라, 그러면 그들을 다 잃고 말 것이다.
네가 주는 달콤한 술은 아무도 거절하지 않지만
인생을 한탄할 때는 너 홀로 술을 마시게 될 것이다.

축제를 열라, 그럼 너의 집은 사람들로 넘쳐나리라.
굶주리라, 세상이 너를 외면할 것이다.
성공하여 베풀라, 그것이 너의 삶을 도와주리라.

하지만 아무도 죽음은 막지 못한다.

즐거움의 방들엔 여유가 있어
길고 화려한 행렬을 들일 수 있다.
하지만 좁은 고통의 통로를 지날 때는
우리 모두는 한 줄로 지나갈 수밖에 없다.

「모나리자」속 여인의 표정이 만약 '미소'가 아니라 '눈물'이었다면 이렇게 오래도록 명화로 자리잡을 수 있었을까요? 처음에 모나리자의 미소는 다 빈치 혼자서만 보았을 것입니다. 그런데 500년이 지난 지금은 전세계 사람들이 함께 보고 있습니다. 이 책을 보는 당신도 심지어 저를 통해서 모나리자의 미소를 다시 보고 있습니다. 바로 이것이 '미소'의 힘입니다. 모나리자는 세상과 함께 웃고 있는 것입니다.

우리는 흔히 웃을 수 없을 만큼 슬프다고 말합니다. 그러나 억지로 한번쯤 미소짓는 것은 그리 어려운 일이 아닙니다. 철학자 제임스W. James는 "슬프기 때문에 우는 것이 아니라 울기 때문에 슬프다"라고 했습니다. 제임스 랑게설 James-Lange theory 은 자극─정서─신체 변화의 순서가 아니라 자극─신체 변화─정서의 순으로 감정의 발생 과정을 설명합니다. 웃는 것도 마찬가지입니다. 기뻐서(정서) 웃는 것(신체 변화)이 아니라 웃으면(신체 변화) 기뻐 (정서)집니다.

누구든 일상생활에서 모나리자만큼은 웃을 수 있습니다. 지인 중에 낯선 이를 향해 한번도 웃어본 적이 없었던 분이 있었는데, 일부러 신경을 써서 웃기 시작한 이후로 다른 사람들이 자신을 대하는 태도가 확 달라지는 경험을 했다고 합니다.

웃으면 내 주위의 사람도 함께 웃어주고 나아가 세상 사람과 함께 웃을 수 있지만, 운다면 아무도 같이 울어줄 수 없는 것이 현실입니다. 슬픔보다는 기쁨을 공유하려는 노력이 남자도 일도 세상도 내 편으로 만들어줄 것입니다.

솔로라는 이유만으로 절망할 필요는 없다.
솔로가 아름다운 이유는
앞으로 어떤 커플이 될 것인가에 대한
무한한 가능성 때문이다.
행복한 커플은 행복한 솔로에서 시작된다.

앤드루 와이어스, 「크리스티나의 세계」

솔로들은 신화보다
과학을 믿어야 한다

「크리스티나의 세계」라는 이 그림의 모델 크리스티나는 벌판에 주저앉아 있습니다. 옅은 핑크색 원피스를 입은 그녀의 팔과 다리는 유난히 앙상해 보입니다. 그리고 바람에 날리는 머리카락 몇 가닥의 생생함에서 앤드루 와이어스Andrew N. Wyeth가 추구했던 리얼리즘이 전해지는 것 같습니다.

해가 지기 전 오후 시간, 크리스티나는 벌판에 앉아 있고 저 멀리 아득히 판자로 세워진 건물이 보이네요. 그렇지만 무엇보다 시선이 집중되는 것은 크리스티나와 크리스티나의 자세입니다. 주저앉아 있기는 하지만 포기한 것처럼 보이지는 않습니다. 지금까지 열심히 걸어오다가 무언가에 걸려, 어쩔 수 없이 잠시 넘어져 있는 것처럼 보입니다.

꼿꼿이 들고 있는 그녀의 머리가 모든 것을 말해주는 것 같습니다. 진짜로 절망하고 울고 있었다면 머리도 들지 못한 채 숙이고 있었겠지요. 비록 우리가 보는 것은 그녀의 뒷모습뿐이지만 그녀의 시선이 어디를 향해 있는지 알 수 있습니다. 저 앞에 있는 집이 목표라는 것을 말해주는 듯합니다. 그녀는 절망하지도 울지도 않는 것 같습니다. 자신이 가야 할 곳을 응시한 채 잠시 넘어져 있을 뿐입니다.

이 그림을 보고 있노라면 지금 남자친구가 없다며 주저앉아 있는 여자들의 모습이 떠오릅니다. 허허벌판에 혼자 서 있는 기분에 주변에 좋은 남자라고는 눈 씻고 찾아보려야 영원히 찾을 수 없을 것처럼 느껴집니다. 그렇다면 거꾸로 '주변에 좋은 남자가 많다' 라는 여자들이 몇 명이나 될까요? '그래서 남자를 내 맘대로 골라잡았다' 이런 여자들이 몇 명이나 될까요? 아마도 거의 없을 거라고 생각합니다.

결국 우리 모두는 괜찮은 남자가 없는 같은 환경에 처해 있는지도 모릅니다. 당신 혼자 남자가 없는 특수한 환경에 있는 게 아니라 대부분의 여자들이 좋은 남자가 없는 환경에 있다는 편이 맞는 이야기입니다. 하지만 이런 척박한 환경에서도 애인을 만드는 사람이 있고 그렇지 못한 사람이 있습니다. 무슨 차이일까요?

저는 여기서 아주 중요한 한 단계를 설명하려고 합니다. 남녀 관계를 '솔로―커플' 이 두 단계로만 생각하면 안 됩니다. '솔로―남자들을 만나고 있는 상태―커플' 이렇게 솔로와 커플 사이에 한 단계가 더 있다고 봐야 합니다. 그러니까 커플이 되기 위해선 '남자들을 만나고 있는 상태' 를 거쳐야 합니다.

많은 분들이 대학입시나 취업을 하기 위해서는 여러 곳에 지원서를 내면서 연애에서는 한 방에 명문대나 대기업에 합격하기를 바라는 사람들처럼 굽니다. 입사 지원서조차 안 내면서 자신은 언젠가 명문대나 대기업에 들어갈 거라고 믿고 있는 것 같습니다.

지원서조차 안 내고 있는 사람과 지원서를 내고 있는 사람의 차이는 상당히 큽니다. 지원서를 냈어도 떨어진다면 어차피 합격 못한 것은 똑같지 않냐고 할지도 모르겠습니다. 하지만 그것은 지원서를 내지 않은 사람의 자기 합리화에 지나지 않습니다. 지원서를 내고 떨어진 사람은 후회는 하지 않습니다. 그리고 입시 경향도 알게 되지요. 만약에 다시 시험을 본다면 시험을 한번도 안 본 사람보다 떨어져 보기라도 한 사람이 유리합니다.

연애도 마찬가지입니다. 지속적으로 지원서를 내는 상태, 즉 '남자들을 만나고 있는 상태'가 되어야 애인이 생길 수 있습니다. 자신을 남자들을 만나고 있는 상태 속에 두어야 합니다. 현재 정해진 남자친구는 없더라도 새로운 사람을 최소한 한 달에 두 번 이상은 만나고, 또 한 번 만난 남자를 두 번째 만나기도 하면서 무언가 계속 시도를 하는 상태, 즉 커플이 될까 말까 하는 상태에 자신을 두는 것입니다. 그러다 보면 반드시 생깁니다. 아무것도 안 하는 사람보다 100배는 유리합니다. 이것은 아주 단순한 논리입니다.

사람들은 과학적이라는 말에 참 약하지요. 과학이라는 말이 나오기 전까지 사람들은 신화나 성경, 옛날 이야기를 다 사실이라고 믿었을 것입니다. 물론 지금도 어렸을 때는 사실이라고 믿기도 하고 또 지금까지 사실로 여겨지는 신화도 존재합니다. 곰이 쑥과 마늘을 먹고 여자가 된 단군신화와 박혁거세가 알에서 나왔다는 것을 의심하는 사람이 없을 정도니까요. 그렇지만 과학적으로 증명된 사실이냐고 물으면 누구나 신화일 뿐 과학적으로 증명할 수 있는 것은 아니라고 대답할 것입니다.

이렇듯 과학은 우리를 둘러싼 세계의 신화적이고 미신적인 믿음을 많이 깨트리는 역할을 해왔습니다. 그러나 유독 연애에 관해서 만큼은 아직도 신화에 가까운 말들이 정설로 받아들여지고 있습니다.

'언젠가 내 인연은 나를 알아볼 거야.'
'내 남자는 하늘에서 떨어질 거야.'
'인연이라면 가만 있어도 만나게 될 거야.'

이런 신화 같은 이야기를 합니다. 과학적으로 증명할 수 있냐고 물어도 아주 떳떳합니다. '연애는 마음으로 하는 거니까……' 라면서 말입니다.

왜 연애에서는 과학을 안 따지나요? 과학적으로 지금 남자들을 만나고 있는 사람과 아닌 사람 중 누가 애인이 생길 확률이 높을까요? 당연히 전자입니다. 가끔 신화 같은 일들이 있어서 후자처럼 가만 있어도 남자를 만날 수도 있지만 그럴 확률은 아주 낮습니다.

남자가 없을 때, 즉 솔로일 때라는 것은 정말로 아무 남자도 안 만나고 있는 상태가 아니라 여러 남자들을 만나보고 있는 상태입니다. 아직 커플이 되기 전 단계라는 것입니다. 정말 1년 동안 한 명의 남자와도 데이트한 적이 없다면 최소한 3년 안에 결혼하기는 힘들다고 봐야 합니다. 차라리 로또 당첨이 쉬울 수도 있습니다. 로또는 파는 곳도 많고 번호만 찍으면 되고 또 한 주에 한 번씩은 꼭 추첨을 하니까요. 그렇지만 남자는 살 수 있는 곳도 일정치 않고 번호만 찍는다고 되는 게 아니며 또 한 주에 한 번씩 꼭 추첨하는 것도 아니니까요.

지금 당신이 정말 데이트하는 남자가 한 명도 없는 솔로라면 커플이 되고 싶다고 생각하기 전에 '남자들을 만나고 있는 상태'로 만드세요. 그 상태를 거쳐야만 커플도 되고 결혼도 할 수 있습니다.

이 그림의 주인공은 실존 인물로 미국 메인 주의 앤드루 와이어스 별장 근처에 살고 있던 크리스티나 올슨입니다. 크리스티나는 소아마비로 손과 발이 부자유스러웠고 걷는 것조차 힘들었다고 합니다. 하지만 그녀는 개의치 않고 매일 언덕 위에 있는 자신의 집에서 부모의 무덤까지 성묘를 하고 누구의 도움도 없이 집으로 돌아오는 것을 일과로 삼았습니다. 효심도 가득한 여자였나 봅니다. 이것뿐만이 아니었습니다. 그녀는 농장을 경영하는 동생과 둘이 살면서 살림을 도맡아 했습니다. 와이어스는 이런 크리스티나의 생명력에 깊은 감명을 받았습니다. 그래서 그녀를 처음 만난 후 30년 동안 그녀를 모델로 한 그림을 그렸다고 합니다.

당신도 솔로라고 주저앉아 있지 말고 힘을 내서 일어나세요. 지금 솔로라고 쉽게 포기하지 말고 금방이라도 커플이 될 수 있을 것처럼 생각하세요. 강한 생명력으로 다시 일어나 준비하는 당신이라면 조만간 좋은 결과를 얻을 수 있을 것입니다. 주저앉아 있지만 금방이라도 일어서서 눈앞에 보이는 집에 돌아갈 듯한 그림 속의 크리스티나처럼 스스로를 일으켜 세우기 바랍니다.

나에게 예쁘다고 하지 않는 남자는
나를 사랑하지 않음에 틀림없다.
남자는 최소한 자기 눈에 예쁜 여자와 사랑에 빠진다.
나를 사랑하지 않는 남자를
걸러낼 줄도 알아야 한다.

한스 홀바인, 「안나 폰 클레베의 초상」

왕의 눈에 들지 않아
더 행복했던 여자도 있다

이 초상화를 보고 예쁘다고 생각하시나요? 아니면 그 반대인가요? 우리는 평소에 사진만 보고도 그 사람에 대해서 추측하고 평가하는 경우가 많지요. 이 그림을 보고 '코가 길다'라고 생각할 수도 있고 걸치고 있는 액세서리가 매우 고급으로 보이므로 '부잣집 여자'라고 생각할 수도 있습니다. '종합적으로 미인이다'라고 생각하는 사람도 있을 테고, '내 타입이 아니다'라고 하는 사람도 있겠지요.

여러분이 어떻게 느끼든지 이 초상화를 보고 반해버려서 결혼을 결정한 왕이 있었다고 합니다. 이 초상화를 보고 홀딱 반한 왕은 여섯 명의 부인을 두었던 헨리 8세였습니다. 헨리 8세는 지금의 영국을 있게 한 엘리자베스 1세의 아버지입니다. 그리고 또 우리에게 영화로 잘 알려진 〈천일의 앤〉의 앤 볼린이 헨리 8세의 두 번째 부인이었습니다.

영화에서처럼 앤 볼린은 왕비가 되는 것까지는 성공하지만 아들을 낳지 못했습니다. 그러자 왕은 불륜을 저질렀다는 죄목으로 그녀를 참수형에 처합니다. 그 다음에 얻은 부인도 아들을 낳지 못하고 병으로 죽습니다. 그 후, 헨리 8세는 또 다시 신붓감을 물색하던 와중에 어떤 초상화를 보고 반하게 되는데 그 사람이 바로 '안나 폰 클레베'였습니다. 그러나 막상 결혼을 하고 첫날밤에 신부를 본 헨리 8세는 어디 이런 당나귀 같은 여자가 있냐면서 하룻밤도 같이 하지 않은 채 거들떠보지도 않았습니다. 그리고 6개월 후에 이혼을 하게 되죠.

제 기억에 삼촌, 이모들이 결혼하던 시절에는 선을 볼 때 어머니들이 증명사진을 돌리곤 했습니다. 중매인이 "자식 사진 하나 줘봐"라고 하면 사진이 없는 척 하면서도 자식들을 닦달해서 얻어낸 증명사진을 건네주곤 했던 것입니다. 그렇게 어머니를 통해 서로 사진을 교환해 보고 만날지 안 만날지 결정하는 일이 많았지요.

그런 관습 자체가 얼마나 서로의 외모가 '결혼' 혹은 '연애'에서 큰 영향을 미치는지 알 수 있는 증거입니다. 저는 이런 방식이 사진 덕분에 가능한 일이라고 생각했는데 초상화에 반해 결혼을 결정한 왕이 있는 것을 보면 사진이 생기기 이전부터 왕실에서는 초상화를 보고 배우자를 결정하기도 한 모양입니다.

이렇듯 외모는 연애나 결혼에 있어 중요한 요소입니다. 그렇다고 반드시 '미남미녀'여야 한다는 이야기가 아닙니다. 외모를 보고 호감을 느끼는 것도 중요하지만 그 반대로 외모를 보고 도저히 받아들일 수 없는 사람도 있으므로 만나기 전에 시간 낭비를 줄이자는 취지도 있습니다.

사전 심사가 되는 사진은 그 자체만으로 굉장히 중요합니다. 안나 폰 클레베가 나중에 이혼을 당했지만 그래도 우선 왕비감 후보가 되었다는 부분이 더 중요합니다. 사진이 잘 나오고 못 나오고 그 차이 하나가 한 사람을 더 만날 수 있느냐 아니냐의 갈림길이 됩니다. 만나기 전에 이왕이면 사진을 교환해 보세요. 사진을 보고 만나기 싫으면 만나지 않는 게 현명하다고 생각합니다. 왜냐하면 최대한 잘 찍힌 모습인 사진을 보고도 마음에 안 든다면 만나서 마음에 안 들 확률은 더 높아지기 때문이죠.

사진을 보고 괜찮다고 생각했던 사람은 실물을 보고 마음에 들 확률이 더 높습니다. 사진을 보고 괜찮다고 생각했다가 실망하는 경우는 오히려 적습니다. 사진으로 본 것은 진짜 모습이기보다는 어떤 이미지일 수 있습니다. 그래서 그 이미지만 일치한다면 크게 문제될 것은 없습니다. 오히려 사진을 보지 않고 멋대로 상상의 이미지를 키운 후에 실망하는 것보다는 훨씬 나은 방법입니다. 그러므로 자신의 이미지를 잘 담은 사진을 찍어두는 것은 여러모로 자신에게 좋은 일이 됩니다.

많은 여자들이 그 반대를 걱정하기도 합니다. 사진 보고 좋아서 만났다가 실망하면 어쩌냐며 사진도 성의 없게 찍고 또 성의 없는 사진을 보여주기도 합니다. 더 나아가서는 자연스런 모습이 좋다며 평상복 차림의 사진을 보여주기도 합니다. 그런데 정말 타고난 미인이 아니라면 사진은 최대한 예쁘게 찍는 게 좋습니다. 요즘 같이 인터넷이 발달한 세상에서 내 사진이 어디서 어떻게 돌아다닐지 모르니까요. 어떤 사진이라도 아름다운 여성의 이미지가 있다면 자신에게 플러스 요소가 됩니다.

이 이야기는 사진을 되도록이면 찍지 말라는 뜻이 아닙니다. 당신이 미혼이라면 결혼하기 전까지 어쨌든 사진이 필요하기 마련입니다. 남자친구가 생겨서 그가 친구들에게 사진을 보여줄 수도 있고, 인터넷 결혼정보회사 등의 사이트에 사진을 올릴 수도 있는 것이고, 또 부모님이 사진을 들고 중매업자에게 갈 수도 있습니다. 사진의 용도는 본인이 피한다고 해도 생겨나게 마련입니다. 그러므로 틈틈이 사진을 찍을 때마다 신경 써서 잘 나오도록 해야 합니다.

언젠가 한번 저는 상당히 유명한 여성 작가의 사진을 검색해 보다가 꽤 놀란 적이 있습니다. 기억에 새겨진 그분의 이미지가 있었는데 검색해서 나온 모든 사진이 그 이미지 그대로였습니다. 어깨를 살짝 넘는 긴 머리에 옅은 화장에 환하게 웃고 있는 모습, 그 이미지가 모든 사진에 공통적으로 있었습니다. 오랜 세월 사진에 찍혔을 텐데도 작가와의 만남이나 잡지의 인터뷰나 그냥 찍힌 사진마저도 다 유사한 이미지였습니다.

제가 놀란 이유는 그분의 이미지 관리가 이렇게 성실하다는 점 때문이었습니다. 이미지 관리에 철저한 연예인도 사진마다 이미지가 제 각각인 경우가 많고, 일반인인 우리도 사진마다 인상이 다른데 그분의 이미지는 너무 한결같아서 다시 한번 감탄할 수밖에 없었습니다.

한편 초상화로 왕비가 되었지만 실물을 보고 퇴짜를 맞은 안나 폰 클레베는 그 후 어떻게 되었냐고요? 안나 폰 클레베는 이혼을 받아들였다고 합니다. 그 결과 여왕 다음 지위인 '공'의 지위를 받았고, 이 결혼에 책임이 있는 크롬웰이 죽고 나서 그의 부동산도 그녀의 몫이 되었습니다. 이혼은 했지만 안나 폰 클레베는 돈과 명예를 누리며 일생 동안 편안하게 살았다고 합니다. 헨리 8세의 다섯 번째 아내 캐서린과 셋이서 같이 저녁도 먹고 엘리자베스 1세와 같이 잘 놀기도 하고 말이죠. 안나 폰 클레베는 헨리 8세의 부인 중에 유일하게 행복하게 살았다고 할 수 있습니다. 나머지 다섯 명의 부인은 모두 일찍 죽거나 참수형을 당했습니다. 헨리 8세의 여왕감 물망에 올랐던 덴마크의 크리스티나 공주도 "제가 목숨이 두 개라면 결혼하겠지만 하나라서 못하겠어요"라는 유명한 말을 남겼을 정도이니 어쩌면 이혼이 그녀를 살린 것인지도 모릅니다.

예쁜 여자들이 많은 남자의 관심을 받는 것은 기정 사실입니다. 나아가서는 엄청난 구애를 받을지도 모릅니다. 그러나 많은 남자들의 구애를 받는 미인들은 종종 잘못된 선택을 해서 불행에 빠지기도 합니다. 모든 남자에게 사랑 받을 필요는 없습니다. 얼마나 많은 사람에게 사랑을 받느냐보다 나를 예쁘게 봐주고 진정으로 사랑하는 단 한 사람을 곁에 두는 것이 중요합니다. 자신의 이미지를 잘 담은 사진을 준비하는 것은 바로 그 한 사람을 찾기 위한 시작입니다.

배우 니콜 키드먼은 이런 말을 했습니다.

"난 이제 나이를 먹어서 남들에게 예쁘게 보이느냐는 신경 안 써요. 다만 남편에게 예쁘게 보이는지만 신경 쓰고 있어요."

당신에게 예쁘다고 말해주지 않는 남자와는 당장 헤어지세요. 그리고 당신을 예쁘다고 하는 남자를 위해 노력하세요. 자신을 사랑하는 여자는 나를 예쁘게 봐주는 남자를 선택할 수 있는 힘, 그리고 나를 예쁘게 보지 않는 남자를 과감히 버리는 결단력을 가진 사람입니다.

몇 번째 연애인가보다 더 중요한 것은
어떤 연애를 하고 있는가이다.
첫 연애라고 더 큰 의미를 부여할 필요는 없다.
영원한 사랑을 맹세한 로미오도
줄리엣을 구하지 못했다.

프랭크 딕시, 「로미오와 줄리엣」

첫 연애라고요?
나 자신을 위해 이별쯤은 각오하세요

프랭크 딕시 Frank Dicksee 는 화가 집안에서 태어났고 풍부한 상상력으로 신화나 소설 속의 한 장면을 아름다운 그림으로 남긴 화가입니다. 이 그림에서도 연인의 키스가 절실하고 또 애절하게 느껴집니다. 로미오는 몰래 줄리엣을 만나기 위해 담을 타고 급히 올라온 탓인지 한쪽 다리가 아직도 담에 걸쳐진 채입니다. 그런 로미오는 연인을 급하게 마중 나온 잠옷 바람의 줄리엣과 키스를 하고 있습니다. 두 사람의 애정과 열정이 고스란히 느껴지는 그림입니다.

로미오와 줄리엣의 사랑 이야기는 잘 알고 있듯이 집안의 반대로 맺어지지 못한 채 두 사람의 죽음으로 끝나지요. 어린 시절에는 어른들 때문에 꽃다운 나이의 두 젊은이가 목숨을 잃게 되는 이 이야기가 기성 세대에 대한 도전을 그린 것이라고 생각했습니다. 어른들이 자신들의 명예와 권력 다

툼에 눈이 멀어 두 사람을 비극으로 내몰았다고 말이죠.

그렇지만 나쁜 어른만의 문제는 아니었던 것 같습니다. 로런스 신부처럼 두 사람이 맺어질 수 있게 도와준 사람도 있었으니까요. 그러나 지나치게 성급했던 두 사람은 결국 죽음을 맞이하게 됩니다. 어쩌면 두 사람을 죽음에 이르게 한 것은 어른들의 명예욕이나 권위 의식이 아니라 자신들이 빠져 있던 독약 같은 '첫사랑' 그 자체였을지도 모릅니다.

저는 연애 상담을 자주 하지만 어떤 선택이든 결정은 절대적으로 본인에게 달려 있다고 생각합니다. 그럼에도 불구하고 대부분 연애에 대한 고민은 '남자와 헤어지느냐, 마느냐' 중에서 결론이 나는 것 같습니다. 제삼자인 제가 할 수 있는 역할은 다만 고민의 원인을 함께 찾고 또 행동에 대해서 조언을 하는 정도입니다. 하지만 상담 후 저 혼자서 조심스럽게 예측을 해보기도 합니다. 이 남자와 헤어지겠구나, 다시 잘 지내겠구나, 결혼하겠구나, 하고 말입니다. 이것은 단순한 직관이라기보다는 상담자의 괴로움 정도와 연관이 되어 있습니다. 대부분은 관계를 지속할 수 없을 정도로 마음이 힘들어지면 헤어짐을 선택합니다. 그런데 간혹 정말 힘들어 하면서도 헤어지지 못하는 사람들이 있습니다. 남자 때문에 매일 매일이 괴로울 정도로 힘겨워 하면서도 왜 헤어지지 못할까요? 왜 남자보다 자신을 먼저 챙기지 못하는 걸까요?

그런 사람들을 상담하다가 알게 된 사실은 그 괴로운 연애가 '첫 연애'라는 것이었습니다. 우리는 첫 연애를 개인의 경험으로 추측하기보다는 나이로 추측할 때가 많습니다. 20대 후반이면 거의 첫 연애는 했을 것이라고 생각합니다. 물론 저도 그렇게 생각했습니다. 서른 전후의 나이 많은 여자들 중에 '첫 연애'를 한다는 사람을 종종 보게 되기 전까지는요.

나이가 꽤 있음에도 불구하고 첫 연애를 한다는 이들은 첫 연애에 대한 환상을 품거나 집착을 보이기도 합니다. 마치 로미오의 정열적인 구애에 어쩔 줄 몰라 하는 줄리엣처럼 고민에 빠지기도 합니다. 문제는 첫 연애의 경우 이별에 대한 두려움이 상당히 크다는 것입니다. 줄리엣이 그랬듯이 지금 이 사람을 놓치면 다른 사람을 못 만날 것 같고, 지금 그 사람이 세상의 전부라서 그 사람이 하는 말은 다 들어줘야 할 것 같습니다.

그리고 남자에게 자신의 첫 연애 상대라는 것도 어필하고 싶어합니다. 첫 연애라는 점이 마치 상대방이 나에게 더 잘해줘야 하고 더 소중하게 여겨줘야 하는 중요한 가치가 있는 근거라고 믿습니다. 그래서 "난 당신이 처음인데, 연애가 이렇게 힘든 줄 몰랐다"라거나 "처음이라서 어떻게 할 줄 몰라요"라는 말을 자주 하게 됩니다. 이렇게 말하면 상대에게 어필할 수 있을 거라는 믿음의 바탕에는 첫 연애가 곧 마지막 연애라는 전제가 깔려 있습니다. 자신의 첫 연애는 곧 마지막 연애이고, 그래서 이 연애는 어떻게든 성공해야 한다고 생각합니다.

첫 연애가 마지막 연애여야 한다는 생각은 나이와 상관 없습니다. 20대라면 '이 사람과 4~5년 연애하다가 결혼하고 싶다'라고 생각하고, 30대라면 '바로 결혼하고 싶다'라고 생각합니다. 어쨌든 첫 연애가 이별로 끝난다는 것은 상상도 못할 일입니다.

　여기서 단순히 첫 연애가 아니라 첫 경험까지 맞물려 있다면 점점 이별은 어려워집니다. 마음뿐만 아니라 몸까지 준 남자와 헤어질 수는 없다는 생각이 듭니다. 어떻게든 보상을 받고 싶어 합니다. 당연히 그 보상은 결혼이어야 합니다. 나의 순결을 가져갔으니 남자는 무조건 책임을 져야 한다고 생각합니다.

　급기야 남자에게 극단적인 행동을 취합니다. 헤어지자고 하면 자살 시도를 하면서 매달리거나 남자가 원하는 것은 무엇이든지 해서 남자에게 자신을 맞추려고 자기 자신을 버리는 일도 서슴지 않게 됩니다. 그럴수록 남자는 멀어져 가지만 여자는 오히려 이별할 수 없다는 의지를 어필하기 위해 '부모님께 인사하고 결혼하자'라고까지 말하며 압박을 합니다.

　그러나 우리에게 마지막 연애란 없듯이 첫 연애라는 것도 없습니다. 우리는 어렸을 때부터 연애 이야기를 접해왔고 또 남의 경험도 보아왔으며 내 안에는 늘 연애 감정이 있었습니다.

　초등학교 때 같은 반 남자 친구를 짝사랑했으며 연예인의 팬이 되었던 적도 있습니다. 그런 연애 감정이 내가 사귈 수 있는 남자를 만나 구체화된 것이 '첫 번째 연애'일 뿐입니다. 그러므로 첫 연애가 이별로 끝난다고 해서 내 연애 감정이 소멸되는 것이 아닙니다. 또 다시 다른 남자를 만나서 내 연애 감정은 구체화될 것입니다. 물론 이별은 쉬운 일이 아니고 추억을 잊는 것도 쉬운 일은 아닙니다. 하지만 첫 연애가 목숨과 뒤바꿀 정도로 절실한 것은 아닙니다. 왜냐하면 나의 정열적인 감정도 처음부터 나에게 있었던 것이니까요. 우리는 16세, 14세에 죽은 로미오와 줄리엣보다 훨씬 긴 인생을 살아갈 것이고, 내 안에 있는 연애 감정은 얼마든지 다시 살아날 수 있습니다.

우리는 이 세상 어디에서나 만날 수 있는 평범한 20, 30대의 여자들입니다. 그런 여자들에게 첫 연애는 목숨을 걸 정도로 유일한 인생의 의미가 아니라 처음 상대방과 연애 감정의 교류를 체험하는 단계입니다. 초등학교 입학과 같은 의미입니다. 그리고 이별은 인생의 한 단계를 마쳤다는 졸업의 의미가 될 수 있습니다. 사람마다 졸업을 하면 진로를 정합니다. 더 높은 학교를 가든지 취업을 하든지 말입니다. 아무도 졸업을 끝이라고 생각하지 않습니다.

지금 첫 연애를 시작하려는 사람, 혹은 첫 연애를 하고 있는 사람, 첫 연애가 끝난 사람. 혹시 이별을 경험하더라도 그것은 졸업에 불과하다는 걸 기억하세요. 당신의 인생은 계속될 것입니다. 그리고 졸업 후, 진로 선택은 온전히 당신의 몫입니다.

첫 연애라는 것만으로 당신의 모든 것을 용서 받고 인정 받을 수 없는 냉혹한 현실이 있다는 것도 잊지 마세요. 더 냉정하게 말하자면 첫 연애라는 것은 오로지 당신에게만 의미가 있고 당신과 연애를 했던 그 남자에게조차 의미가 없을 수도 있습니다.

로미오와 줄리엣의 이야기가 비극으로 끝나는 까닭은 우리에게 첫사랑에 대한 경고를 보내기 위함은 아닐까요? 첫 연애를 할 때야말로 진정 나 자신을 위해서 이별할 수도 있다는 사실을 어느 정도는 각오해두세요. 앞으로 살아갈 긴 인생에 도움이 될 것입니다. 그렇게 마음먹는다면 첫 연애에서 이별을 했다고 세상이 무너지듯 울 일도 또 나를 버리고 떠난 그 남자를 원망할 일도 없을 것입니다.

남자가 세상을 전부 지배할 때
여자는 그 남자 하나만 지배하면 된다.
그렇다고 남자가 세상을 얻는 것보다
여자가 남자의 마음을 얻는 것이 쉬운 일은 아니다.

프랑수아 클루에, 「목욕하는 여인」

미인은 타고나는 것뿐 아니라
관리로 완성된다

소설가 발자크는 "남자에게 있어서 가장 정열적인 사랑은 첫사랑이고 여자에게 있어서는 마지막 사랑이다"라는 말을 남겼습니다. 그리고 이런 말도 있지요. 남자는 여자가 첫사랑이길 바라고 여자는 남자가 마지막 사랑이길 바란다고요.

남자의 첫사랑이란 사춘기를 거치며 이성에 눈을 뜨면서 가장 먼저 '자기 타입'이라고 생각한 외모의 여자를 말합니다. 남자들의 첫사랑 상대 중에 유독 하얀 얼굴에 악기를 하는 여자가 많은 이유도 남자들이 추구하는 보편적인 청순미에 맞아 떨어지기 때문일 것입니다.

남자들의 첫사랑은 일생에 처음 마음에 든 여자이고 그녀의 마음을 얻기 위해 갖은 노력을 한 상대입니다. 그 여자의 학교 앞에서 혹은 집 앞에서 몇 시간을 기다리는 것은 물론이고 밤을 지새운 남자들도 많을 것입니다.

이렇듯 여자가 한번만 자기를 쳐다봐주길 바라면서 정열을 불태우며 남자들은 사춘기 시절을 보냅니다. 그리고 나서도 여자를 잊지 못합니다. 어떻게 보면 첫사랑을 잊지 못한다기보다는 자신의 이상형이었던 첫 여자를 잊지 못하는 것이겠지요.

영화 〈러브레터〉에서는 이런 경험을 증명이라도 하듯 1인 2역의 여배우가 과거의 애인과 현재의 애인을 동시에 연기해서 보는 사람을 헷갈리게 했지요. 흔히 남자의 이상형을 알기 위해서는 중·고등학교 때 좋아했던 연예인이나 방에 걸어놓은 포스터 사진을 물어보라는 말이 있습니다. 남자들은 어린 시절부터 외모에 대해서는 자기 타입이 명확한 편입니다. 그리고 그 외모의 여자를 평생 추구합니다. 여자들은 남자들이 첫사랑을 못 잊는 것을 두고 첫사랑에 대한 감정이 남아 있는 것으로 생각합니다. 하지만 그보다는 첫사랑의 외모가 남자의 이상형으로 완전히 굳어진 것으로 해석하는 편이 정확할 것입니다.

그렇다면 여자는 왜 남자와 다르게 첫사랑이 아니라 마지막 사랑이 중요한 것일까요? 남자와 여자는 귀하게 여기는 것이 다르기 때문입니다. 여자에게 중요한 것은 안정입니다.

여자의 첫사랑 상대는 보통 옆 학교 남학생, 연예인, 선생님인 경우가 많습니다. 실제로 사귀지 않았거나 사귀었다고 하더라도 여자에게 무엇인가를 하기에는 상당히 부족했던 사람들입니다. 그야말로 여자가 받은 것이 없지요. 특히 안정감은 얻기 힘들었을 것입니다. 물질적인 것을 떠나서라도 따뜻한 배려나 무언가를 챙겨줌으로써 정서적으로 안정감을 줄 수 없었던 경우가 많습니다. 그야말로 불완전한 첫사랑이었던 것이죠. 그러니 여자는 첫사랑에 대해서 큰 아쉬움 없이 좋은 추억으로 얼마든지 넘길 수 있는 것입니다. 이렇다 보니 여자들은 왜 남자들이 그 철없던 첫사랑을 못 잊는다고 하는지 이해가 되지 않습니다.

남자들은 단지 이성에 눈을 뜨고 처음 반했던 여자의 외모에 대한 이미지를 계속 추구하는 것뿐입니다. 첫사랑을 이루지 못했던 남자들은 원하는 이상형의 여자를 만날 때까지 안주하지 않고 계속 첫사랑을 닮은 여자를 찾을 것입니다. 마침내 그런 여자를 찾았다고 생각될 경우에는 어떤 위험도 감수하며 사랑을 얻으려고 할 것입니다.

여자는 본능적으로 자신에게 많은 것을 해주는 사람을 선택하려고 합니다. 그래서 가장 능력을 갖춘 시기의 사람과 결혼을 결심하고 그 사랑이 마지막 사랑이 됩니다. 그러면 여자는 첫사랑은 추억으로 남기고 현재 자신에게 최선을 다해주고 있는 남자를 최고로 생각하며 살아갈 수 있습니다.

이렇게 남자의 첫사랑과 여자의 마지막 사랑이 현실에서 이루어진 커플이 있다면 앙리 2세와 디안 드 푸아티에가 아닐까 싶습니다. 앙리 2세는 프랑수아 1세의 아들이었습니다. 프랑수아 1세는 이탈리아 예술에 반해서 레오나르도 다 빈치를 프랑스로 데려와 여생을 보내게 한 왕으로 유명합니다.

12세의 앙리 2세는 기마시합에서 31세의 디안에게 기사로서 사랑과 충성을 맹세합니다. 디안은 12세 소년의 첫사랑이었습니다. 그러나 디안은 어머니와 같은 마음으로 왕자를 교육시키는 입장이었습니다.

디안은 태어날 때 '왕비보다 높은 지위에 오른다' 는 어느 노파의 예언을 받았고 어릴 때부터 하얀 피부와 발그스름한 볼을 가진 금발의 미녀였다고 합니다. 더구나 루이 11세의 딸 안느 드 보쥬로부터 훌륭한 엘리트 교육을 받은 지성도 겸비한 미인이었습니다.

왕궁에 들어오게 된 계기는 15세 때 39세 연상의 루이 드 브레제 백작과 결혼을 하면서입니다. 나이 차이는 많았지만 디안은 인생 경험이 많고 총명한 남편에게서 많은 것을 배웁니다. 그리고 워낙 나이가 많았던 남편이 먼저 죽은 후에는 검은색과 흰색 옷만 입고 지냈는데 그 모습마저도 아름다워서 사람들의 시선을 끌기에 부족함이 없었던 모양입니다.

앙리 2세와 디안이 맺어진 것은 그로부터 약 7년 후라고 합니다. 그후에 앙리 2세가 마흔의 나이에 죽기까지 두 사람의 관계는 계속되었고 디안은 예언대로 왕비보다 더 높은 권력을 갖습니다. 앙리 2세는 대관식에서 디안을 상징하는 초승달 모양의 문양을 예복에 새겨 넣기도 했고, 왕의 개인적 문장에는 앙리의 H와 디안의 D와 초승달을 조합해서 썼다고 합니다.

이렇게 20세나 어린 왕의 총애를 받았던 디안에게는 전설처럼 내려오는 미모 관리 비법이 있었습니다. 디안은 매일 아침 새벽에 일어나서 우물물로 목욕을 하고 승마를 하며 미모와 체력을 평생 관리했다고 합니다. 그리고 하얀 피부를 위해서 밖에 나갈 때는 항상 검은 천으로 얼굴을 가리고 다녔고, 아침에는 특별히 제작된 비밀 수프를 마셨다고 하는데 금가루를 섞은 물약이라는 설도 있습니다. 그녀가 남긴 유명한 미인의 조건을 들어볼까요?

하얀 것 세 개 : 피부, 이, 손

검은 것 세 개 : 눈동자, 눈썹, 눈꺼풀

붉은 것 세 개 : 입술, 볼, 손톱

긴 것 세 개 : 몸, 머리카락, 손

짧은 것 세 개 : 이, 귀, 발

가는 것 세 개 : 입, 허리, 발목

굵은 것 세 개 : 팔뚝, 허벅지, 엉덩이

작은 것 세 개 : 유두, 코, 머리

미의 여신 '비너스'를 주로 그린 이탈리아와 달리 이 시기에 프랑스에서는 그녀의 이름과 같은 '다이아나' 여신의 모습이 주로 그려졌습니다. 신화 속 달과 사냥의 여신 다이아나가 디안을 연상시켰기 때문인 듯합니다.

프랑수아 클루에François Clouet가 그린 디안의 초상화는 그녀의 미모를 잘 보여주고 있습니다. 그녀는 목욕 중임에도 불구하고 보석으로 치장하고 있으며 아름답고 도도합니다. 그녀의 뒤에 있는 하녀들, 과일을 가져가려는 아이, 그리고 방은 그녀의 지위를 말해줍니다. 그녀는 미의 여신답게 목욕을 하면서도 손에 꽃을 쥐고 있네요.

이렇게 여신으로 추앙받던 그녀는 평생 새벽에 우물물로 목욕을 하는 일을 거르지 않았다고 합니다. 디안의 부지런한 목욕은 앙리 2세 앞에서 첫사랑의 이미지를 유지하려던 그녀만의 노력은 아니었을까요. 나를 가꾸는 일이야말로 사랑을 지키는 지름길이라는 것을 잊지 마세요.

누구를 사랑할 것인가는 중요하다.
왜냐하면 사랑은 대상 선정부터
결말이 예견되는 일이기 때문이다.
때로는 나를 위해서
시작하지 말아야 하는 사랑도 있다.

렘브란트, 「목욕하는 벳사베」

행복한 연애는 대상 선정이
성패를 가른다

네덜란드의 천재 화가, 빛과 어둠의 화가라고 불리는 렘브란트Rembrandt의 작품 「목욕하는 벳사베」입니다. 이 그림에서도 빛과 어둠이 너무도 절묘하게 표현되어 벳사베에게 온통 스포트라이트를 비추고 있고 발을 닦아주는 노파는 어둠에 묻혀 있습니다. 마치 이 그림에 존재하는 사람은 벳사베 한 명인 것처럼 보입니다.

벳사베는 구약성서에 나오는 인물로 다윗 왕의 부하 우리아의 부인이었습니다. 다윗 왕은 우연히 벳사베가 목욕하는 모습을 보고 한눈에 반해 남편인 우리아를 전쟁터에 보내 죽게 한 후에 자신의 부인으로 만들었습니다. 그 사이에서 태어난 아이가 솔로몬 왕입니다.

많은 화가들이 다윗 왕과 벳사베를 같이 그렸지만 렘브란트는 달랐습니다. 남편이 전장에 가야 한다는 편지를 받고 슬프게 떠나보내는 모습, 그리고 다윗 왕의 구애로 고민에 빠진 장면을 그렸습니다. 벳사베의 모델은 렘브란트의 내연의 아내였던 헨드리키에였습니다.

렘브란트의 첫 번째 부인이었던 사스키아는 몸이 약해 결혼한 지 4년 만에 죽고 맙니다. 그 후 렘브란트는 유모였던 헤르테와 내연의 관계가 됩니다. 그리고 또 집에 하녀로 들어온 헨드리키에와 연인으로 발전합니다. 이에 복수심에 불탄 헤르테는 렘브란트를 결혼 불이행으로 고소했고 렘브란트는 유죄가 성립되어 매년 헤르테에게 200길더를 지불하게 되었다고 합니다. 그러나 렘브란트는 여기서 끝나지 않고 다시 헤르테를 음란한 매춘부라고 고소해 감옥에 보내버립니다.

헨드리키에의 운명도 순탄치만은 않았습니다. 렘브란트는 첫 번째 부인 사스키아가 죽으면서 다른 여자와 결혼할 경우 재산 행사를 못하도록 유언을 남기는 바람에 헨드리키에와도 결혼할 수 없었습니다. 그래서 헨드리키에는 간음죄로 종교재판에 회부됩니다. 어쩌면 사랑한 죄밖에 없었을지도 모르는데 사랑한 게 '죄'가 되었던 거죠.

「벳사베의 목욕」이란 작품도 그렇고 실제 렘브란트의 애인이었던 헤르테, 헨드리키에의 삶을 보면 유부남과 불륜 관계를 맺고 있는 여자들의 고뇌가 느껴집니다.

간혹 이런 문제로 상담하는 이들이 있습니다. 그러나 대부분은 처음부터 불륜이라는 것을 밝히지 않고 두 사람 사이의 관계에 대해서만 고민을 털어놓습니다. 아마도 처음부터 진실을 밝히기 껄끄러운 이유도 있겠지만 마음 한구석에서는 그 유부남이 진짜로 자기를 사랑하는지 알고 싶어서인 것 같습니다.

그러나 상대가 유부남이라면 주말에 만나지 못하며, 원하는 시간에 연락이 안 되고, 여자가 어려울 때 찾아와주지 못하는 등의 문제를 시작부터 안고 있습니다. 제대로 된 관계를 유지하는 것조차도 어렵기 때문에 정상적인 연인 관계로 발전하지 못하는 게 당연합니다. 여자쪽에서 참고 양보하다 보니 '유부남과의 연애'가 힘들다기보다는 현재 '연애 자체'를 지속하기 힘든 것입니다.

물론 유부남이란 사전 정보가 없어도 상담을 하다보면 아무래도 계속 만나기 어렵겠다는 생각이 드는 게 사실입니다. 그런 부정적인 이야기가 나오면 상담자는 그제서야 상대가 유부남이란 진실을 털어놓습니다. 그 순간 상담의 주제는 전혀 다른 방향으로 바뀝니다. '나를 사랑하지 않는 남자와 연애를 계속하느냐'에서 '유부남과 연애를 계속할 수 있을까'라는 물음이 되는 것이지요. 연애의 내용이 아니라 연애의 대상이 문제입니다.

누구와 사랑에 빠지느냐가 어떻게 사랑하느냐보다 더 중요합니다. 중요성을 떠나 기본 중에 기본입니다. 이른바 '대상 선정'이라고 할 수 있겠지요. 착각하면 안 되는 것이 사랑의 대상 선정이 중요하다고 해서 남자를 만나기 전부터 키는 170cm 이상, 대학은 서울 4년제 이상, 직업은 대기업 이상, 연봉은 3,000만원 이상, 이런 기준을 정해두라는 말이 아닙니다. 사랑의 대상에서 꼭 제외할 사람이 있다는 이야기입니다.

사랑의 대상에서 제외할 사람은 범죄자(전과자), 유부남(별거남 포함), 정신이상자(병원진단이 확실히 있는 경우)입니다. 너무 당연한 말이라고요?

너무 당연하다고 생각하면서도 막상 이런 남자들과 만나는 여자들의 경우 쉽게 헤어지지 못하고 고민을 시작합니다. 처음에 남자가 잘해주고 심지어 성관계까지 가진 후에 범죄자이거나 유부남이거나 정신이상자라는 것을 알게 된다면 어떻게 할까요?

사실을 알게 된 순간에 뒤도 안 돌아보고 헤어져야 합니다. 하지만 현실은 그러지 못하는 여자들이 상당히 많습니다. 왜 그렇게 단호하게 돌아서지 못하는 걸까요?

이유는 간단합니다. 상대 남자가 범죄자, 유부남, 정신이상자로 느껴지지 않는 것입니다. 나한테 이렇게 잘해주는데 과거의 범죄자(전과자)라는 것이 믿어지지 않으며 그건 과거일 뿐이라는 생각이 듭니다. 유부남은 나하고 만날 때에는 부인이 있는 남자로 느껴지지 않습니다. 정신이상자라는 것이 믿기지 않을 정도로 착한 남자로 보입니다. 너무 당연한 일입니다.

왜냐하면 범죄자라고 해서 항상 범죄만 저지르고 있는 게 아닙니다. 밥도 먹고 친구도 만나고 영화도 볼 것입니다. 그가 얻은 타이틀은 일상의 어떤 부분에 큰 문제가 있어서 얻은 타이틀이지 항상 범죄자처럼 사는 것은 아닙니다.

유부남도 마찬가지입니다. 혼자 다닐 때는 당연히 총각으로 보일 수 있습니다. 그렇지만 그는 엄연히 가정이 있는 남자입니다. 정신이상자는 더더욱 그럴 수 있습니다. 폭력 남편이나 폭력 애인이 늘 상대에게 폭력적으로 대하는 것은 아닙니다. 폭력을 행사한 후에는 너무 사랑해서 그랬노라며 다시는 안 그러겠다고 눈물을 흘리며 사과를 하고 평소에는 더 잘해주는 게 패턴입니다.

범죄자, 유부남, 정신이상자는 당신의 인생을 직접적으로 위협할 수 있고, 당신 또한 법적 처벌을 받는 위험에 놓일 수 있습니다. 당신은 스스로를 보호하기 위해서 연애 전, 혹은 연애 중이라도 상대가 범죄자, 유부남, 정신이상자라는 것을 알게 된 순간 헤어질 수 있어야 합니다.

많은 여자분들이 위험한 사람과 사랑에 빠져서 일반적인 연애의 고민을 토로합니다. 예를 들면, 그 남자는 왜 연락을 자주 안 해줄까, 그 남자는 왜 나한테 선물을 안 해줄까, 그 남자는 왜 나한테 사랑한다는 말을 안 할까 등. 그러나 애초부터 연애 대상에 문제가 있다는 것을 분명히 인지해야 합니다. 범죄자가 연락을 자주 해준다고 해서 유부남이 선물을 많이 한다고 해서 정신이상자가 사랑한다는 말을 자주 한다고 해서 올바른 연애라고 할 수는 없습니다.

대머리나 키 작은 남자는 싫다면서 유부남과 사랑에 빠지는 당신, 진정으로 당신을 위하는 길이 무엇인지 생각해보세요. 지금 당장의 설레는 감정에 빠져 자신의 미래를 담보로 어리석은 연애를 시작해서는 안 됩니다.

렘브란트의 애인이었던 헨드리키에도 화가의 아름다운 모델이 되는 영광을 누렸지만 한편으로는 종교재판에 회부되어 처벌을 받는 고통도 겪어야 했습니다. 아무리 렘브란트가 헨드리키에에게 아무것도 해줄 수 없는 마음을 담아 「벳사베의 목욕」이란 작품을 그렸다 해도 그녀의 상처는 지워지기 힘들 것입니다.

혹시 지금 사랑해서는 안 될 상대와 사랑에 빠졌다면 울고만 있지 말고 당장 그 상황에서 빠져나와야 합니다. 잘못된 상대 때문에 잃어버린 당신의 환한 미소를 되찾으세요.

사랑을 게임이라고 말하는 사람도 있다.
그러나 사랑을 게임에 비유하는 순간
우리 모두는 이미 패자가 된다.
누구에게도 지지 않기 위해서는
남녀가 같은 편이 되는 사랑을 해야 한다.

조르주 드 라투르, 「카드 사기꾼」

연애는 게임이다?
게임은 안 하는 사람이 이긴다

17세기에 그려진 조르주 드 라투르 Georges de La Tour 의 「카드 사기꾼」이란 그림입니다. 한눈에 모든 게 파악될 정도로 상세하고 명확하게 재미있는 상황을 표현하고 있죠. 가운데 여자는 하녀가 건넨 술을 받으면서 다른 사람의 카드를 곁눈질로 보려고 하네요. 어쩌면 술잔에 비치는 카드를 보려는 것은 아닌지 모르겠습니다.

그리고 왼쪽의 남자는 에이스 카드를 등 뒤에서 바꿔치기 하려는 것 같습니다. 그렇다면 로열 스트레이트 혹은 스트레이트가 되지 않을까요? 그런데 이 와중에 의문을 품게 하는 남자가 오른쪽에 앉아 있습니다. 나머지 두 사람의 속임수에는 전혀 신경 쓰지 않는 것처럼 자신의 카드만 보고 있습니다. 과연 누가 이 카드 게임에서 이겼을까요?

사람들은 흔히 '연애는 게임이다'라고 말합니다. 그 순간 연애에는 두 가지 의미가 생겨납니다. 기필코 상대방을 이겨야 한다는 의미도 있고, 연애가 게임처럼 가벼운 것이라는 장난스러운 뉘앙스도 있습니다. 어쨌든 연애를 게임에 비유하는 것이 맞고 틀리고를 떠나서 그 한마디에는 평범한 연애를 드라마틱한 에피소드를 포함한 관계로 바꾸는 신비한 힘이 있습니다.

아마도 이런 신비스런 힘 때문에 아무도 '연애는 게임이다' 라는 전제를 뒤집으려 하지 않는 듯합니다. 연애를 게임에 비유하게 되면서 우리는 어쩌면 진짜 사랑을 못하게 되지 않았을까요? 우리는 상대방을 이기기 위해 연애를 하는 것이 아니라 사랑을 나누기 위해 연애를 하는데 말입니다.

단언컨대, 연애는 게임이 아닙니다. 저는 생존을 위한 활동 중 하나로 봅니다. 인류는 종족 보존의 '본능'을 갖고 태어납니다. 그래서 우리는 내 짝을 찾기 위해 일생을 건 여정을 떠나는 것입니다. 이것은 누구도 부정할 수 없는 사실입니다. 우리는 생물학적으로 그렇게 태어났으니까요. 그러니 연애는 게임과는 비교할 수 없는 그 이상의 것입니다. 연애를 게임이라고 생각하는 순간 당신은 이미 그 게임의 패자가 됩니다. 게임에서는, 아예 시작도 하지 않거나 게임에서 재빨리 빠져 나오는 것이 진정한 승자가 되는 길입니다.

가끔 친구와 이런 내기를 합니다. 가위바위보를 해서 이긴 사람이 아이스크림을 사오는 것입니다. 그러면 누군가는 이기고 누군가는 져서 아이스크림을 사러 가겠죠. 그러나 그런 제안을 했을 때 "난 안 할래"라고 말할 수도 있습니다. 그러면 말을 꺼낸 사람이 다녀오게 되어 있습니다.

그렇다면 정말로 연애에 게임이 없을까요? 아니, 있습니다. 우리는 어쩌면 그동안 연애가 아닌 게임을 해왔을지도 모릅니다. 예를 들면 '나쁜 남자 게임'이 있습니다. 나에게 관심 없는 남자에게 말을 겁니다. 만나자고 합니다. 남자는 만납니다. 왠지 연인이 된 것 같습니다. 그러나 남자는 더 이상 발전이 없습니다. 여자는 그 남자가 자신을 사랑하는지 확인하려 듭니다. 하지만 남자는 여자를 사랑하지 않는 행동을 보여줄 뿐입니다.

여자는 절규합니다. "나쁜 남자야! 왜 날 사랑하지도 않으면서 사귄 거야! 진작에 날 좋아하지 않는다고 말해주면 되는데"라고 말입니다. 이것은 진정한 의미의 연애가 아니라 '나쁜 남자 게임'일 뿐입니다.

'다 너를 위해서' 게임도 있습니다. 내 남자를 위해서는 모든 사랑을 바쳐야 한다는 생각에 이것저것 챙겨줍니다. 매일 밥 먹었는지 챙기고, 요리도 해주고, 아침에 깨워주기도 합니다. 그리고 술을 너무 많이 먹지 않도록 관리합니다. 이 모든 것은 '다 너를 위해서'입니다. 그러나 남자는 어느 순간 고마워하지 않고 부담을 느끼며 멀어져갑니다. 여자는 변해버린 남자의 마음을 한탄하며 "난 그를 위해 모든 것을 바쳤어"라고 절규합니다.

이것 또한 진정한 의미의 연애가 아니라 '다 너를 위해서' 게임일 뿐입니다. 물론 여자만 게임을 하지 않습니다. 남자들도 게임을 걸어옵니다. 남자들이 흔히 하는 '난 너에게 관심 있어'라는 게임입니다.

남자가 여자에게 칭찬을 합니다. "넌 정말 예뻐." 때로는 이렇게 단순하지 않습니다. "넌 정말 머리가 좋은 것 같아." "넌 내가 아는 여자 중에 가장 매력적이야." 여기서 끝나지 않습니다. 명함을 주면서 말합니다. "꼭 연락 주세요. 만나고 싶어요."

여기서 연락을 하면 남자는 여자와 게임을 시작합니다. 남자는 여자에게 연락이 온 시점에서 이미 여자가 자신에게 관심이 있다는 걸 알게 되는 것이고 승자가 된 상태에서 유유자적 게임을 즐깁니다. 그러면서 다른 여자에게도 같은 게임을 계속합니다. 그러면 상대 여자는 이 남자가 도대체 왜 자신에게 집중하지 않는지 이유를 알려고 합니다. 어찌 보면 당연합니다. 남자는 연애를 하는 것이 아니라 게임을 하는 것이니까요.

세상에는 연애의 탈을 쓴 게임이 너무 많습니다. 우리는 연애와 게임을 구별해야 합니다. 그리고 게임에서 이기는 방법은 게임을 잘하는 것이 아니라 게임을 하지 않는 것입니다.

우리는 진짜 사랑을 나누는 연애를 해야 합니다. 지금까지 해왔던 바보 같은 게임은 이제 더 이상 반복하지 않도록 합시다. 앞의 그림을 보고 아무 것도 모르는 것 같은 순진한 오른쪽 남자가 질 거라고 생각한다면 아직도 당신은 게임에 빠져 있는지 모릅니다. 지금 당신을 울리는 연애는 단순히 게임에 지나지 않을지 모릅니다. 이젠 게임을 그만두고 진정한 사랑을 해야 할 때입니다. 그러기 위해서는 과감히 그 게임에서 빠져나올 수 있는 용기가 필요합니다.

사랑을 잊기 위해 술과 담배에 찌든 당신.
알코올과 니코틴은
더 많은 알코올과 니코틴을 부를 뿐이다.
당신을 위로해줄 수 있는 것은
그 무엇도 아닌 바로 당신 자신뿐이다.

오토 딕스, 「저널리스트 실비아 폰 하르덴의 초상」

알코올과 니코틴은
달콤한 위로가 아니라 사랑의 적이다

독일작가 오토 딕스 Otto Dix 의 1926년 작 「저널리스트 실비아 폰 하덴의 초상화」를 보고 있노라면 왠지 낯설지가 않습니다. 그냥 여자의 이름만 있었다면 어느 못생긴 여자의 초상화쯤으로 여기고 넘어가겠지만, '저널리스트'라는 직함이 붙는 순간 그녀의 모습이 이해가 되는 것은 무슨 까닭일까요? 초상화는 보통 그림만 보아도 예쁘다는 생각이 들고 어떤 여자인지 궁금증을 갖기 마련인데 이 그림은 제목만 보고도 고개를 끄덕이게 됩니다.

실비아의 왼쪽 눈에 그려진 검은 동그라미는 한쪽 알만 있는 안경을 그린 것입니다. 숏커트에 담배를 물고 있고, 테이블에는 술도 한 잔 놓여 있습니다. 거리 어딘가의 카페에서 무언가를 취재하다 지친 듯 한쪽 스타킹도 흘러내려왔습니다. 옷도 심플한 커리어 우먼의 모습입니다.

실제로 실비아 폰 하르덴은 유명한 기자로 오토 딕스가 길거리에서 마주쳤을 때 꼭 한번 초상화를 그리고 싶다고 하자 그녀는 깜짝 놀라며 이렇게 답했습니다.

"내 윤기 없는 눈, 큰 귀, 긴 코, 얇은 입술, 긴 손, 짧은 다리, 큰 발을 그리고 싶다고요? 그건 사람들을 즐겁게 하기보단 비명을 지르게 할 거예요."

그때 오토 딕스는 말합니다.

"당신은 스스로 명확한 캐릭터를 만들고 있어요. 그 모든 것이 시대를 대표하는 초상화가 될 거예요. 여자의 외면의 아름다움보다 정신적 상태에 더 관심을 보이는……."

오토 딕스는 그 말대로 실비아를 '신여성'의 이미지로 표현했고 이 작품은 신즉물주의의 대표작이 됩니다. 안경, 술, 담배, 숏커트 머리는 그 당시에도 커리어 우먼의 전형적인 스타일이었던 듯한데 지금의 우리와 크게 다르지 않은 것 같습니다.

우리가 생각하는 일하는 여자, 혹은 일 잘하는 여자에 대한 이미지도 비슷할 것입니다. 숏커트나 단발머리에 안경을 끼고, 술을 마시거나 담배를 피우며 옷은 드레시하기보다는 경직된 스타일입니다. 실비아의 초상화는 이런 고정관념을 잘 표현한 그림입니다. 신즉물주의의 대표 화가인 오토 딕스는 아름다운 그림을 그리지 않은 것으로 유명하지만 이 작품은 특히나 사람들 눈에 비치는 커리어 우먼의 모습을 그대로 그린 듯합니다.

1920년대에는 우리나라에서도 신여성이 등장합니다. 신여성의 상징은 단발머리, 구두, 안경, 담배였습니다. 그리고 그들은 일본이나 서양에서 유학을 해 일본어나 영어를 할 줄 아는 엘리트였습니다. 그들은 단순히 외형만을 바꾼 것이 아니라 내면으로 '자유 연애'와 '연애 결혼'을 추구하고 '신가정'을 주장했습니다. 신여성들의 이러한 주장은 낯설지가 않습니다. 지금도 시대를 앞서가는 여성이나 커리어 우먼의 이미지로 쉽게 떠올릴 수 있는 부분과 일맥상통하기 때문입니다.

우리나라는 1990년대까지만 해도 진짜인지 아닌지 모르지만 여자는 남들 앞에서 담배를 피우면 안 된다든가 지붕이 없는 곳에서 피우면 경범죄라는 소문이 나돌았습니다. 그래서 일본에 갔을 때 놀라웠던 것은 여자들이 아무곳에서나 자연스럽게 담배를 피우고 있는 풍경이었습니다. 이렇게 선진국은 여자들의 흡연에 대해서 인정해주는구나 하며 감탄할 정도였습니다. 그러나 그것은 단순히 외형에 지나지 않았습니다.

일본도 담배 피우는 여성에 대해서 좋은 이미지를 갖고 있는 것은 아니었습니다. 여자가 담배를 피우면 안 된다고 생각하는 것은 아니지만 그렇다고 거꾸로 담배 피우는 여자의 이미지가 안 피우는 여자보다 더 좋지는 않았습니다.

남자들에게 담배 피우는 여자를 애인이나 결혼 상대자로 어떻게 생각하느냐는 질문을 한다면 흔쾌히 좋다고 대답할 사람은 많지 않을 것입니다. 겉으로는 괜찮다고 하지만 속으로 갖는 이미지는 분명히 다를 것입니다.

여러분이 담배를 피우고 있다면 이 그림이 주는 이미지를 남들에게 본인이 주고 있다고 보면 됩니다. 별로 좋은 이미지는 아니지요? 누구나 금연은 건강에 좋고 피부에도 좋다고 말합니다. 특히 임신한 여자에게는 안 좋다는 것도 알고 있습니다. 그러나 이미 중독된 담배를 그런 이유만으로 끊기에는 역부족입니다. 니코틴의 중독률이 70퍼센트라고 하니까요. 이 수치는 한번 담배를 피면 다시 피울 확률이 70퍼센트라는 뜻입니다. 중독되기 쉬운 물건입니다. 나쁜 사랑과 마찬가지로 일단 중독되어 버리면 멈추기 어렵습니다.

여자 입장에서 어쩌면 금연은 연애 상담보다 더 주위에 터놓고 말하기 어려운 것일 수 있습니다. 그렇지만 정말로 금연을 하고 싶다면 전문가(병원)를 찾아볼 것을 권합니다. 괜히 자신의 의지를 탓하지 마세요. 당신을 그렇게 만들고 있는 것은 당신의 의지가 아니라 담배 자체의 중독성이니까요.

사랑을 잊기 위해 무엇을 해도 좋지만 술과 담배는 도움이 안 됩니다. 오히려 더 잊기 힘든 수렁에 빠지게 합니다. 나쁜 사랑을 잊기 위해서는 술과 담배를 늘리는 것이 아니라 술과 담배를 멀리해야 합니다.

눈물이 나서 술을 먹는 것이 아니라 술을 먹어서 눈물이 나는 것입니다. 깊은 밤 잠이 안 와서 담배를 피우는 것이 아니라 담배를 피우기 때문에 잠을 잘 수 없는 것입니다. 그리고 아무리 세상이 바뀌어도 담배를 피우는 여사가 당당할 수는 없을 것입니다. 꼭 누군가에게는 담배 피우는 모습을 숨겨야 할 일이 생깁니다. 그렇게 숨기는 자신의 모습이 얼마나 비겁하고 자존심 상하는 일인지 아는 사람은 알 것입니다. 단지 세상이 아직 남녀 차별을 하기 때문에 담배 피우는 여자에 대해서 나쁘게 본다고 생각할 것이 아닙니다. 세상이 여러분을 이해하지 못하는 것이 아니라 여러분이 세상을 이해하지 못하는 것입니다.

술과 담배는 당신을 더 울게 할 뿐 웃게 하지는 못합니다. 스트레스를 푸는 방법 중에는 건강에 좋은 것도 있습니다. 스트레스를 핑계로 술과 담배를 찾지 말고 스트레스 해소와 건강에 도움이 되는 다른 좋은 활동을 찾아보세요. 술과 담배 외에도 스트레스를 날려버릴 수 있는 일은 세상에 많습니다. 당신이 주변에 눈을 돌리기만 하면 금방 발견할 수 있을 것입니다.

지금 당장 떠오르는 게 없다고 포기하지 마시고 최소한 일주일 안에는 술과 담배를 대체할 만한 건전하고 즐거운 일을 찾아내세요.

사랑하라, 비너스처럼

여신의 매력은 처음인 척, 모르는 척, 부끄러운 척에 있다
나이와 외모만으로 콤플렉스를 느낄 필요는 없다
사랑은 마주보는 것이 아니라 같은 방향을 바라보는 것이다
적당히 거리를 두면 당신의 가치가 더 빛날 것이다
사랑에는 액셀과 브레이크의 조화가 필요하다
나를 위한 진정한 복수는 깨끗이 잊는 것이다
가벼운 키스가 이별의 모든 것이 될 수 있다
섹스는 관계의 끝이 아니라 시작이다

비너스가 칭송 받는 이유는
아름다운 얼굴과 날씬한 몸매 때문만은 아니다.
비너스의 포즈에는 처음인 척, 부끄러운 척, 모르는 척
세 가지의 코드가 숨어 있다.

산드로 보티첼리, 「비너스의 탄생」

여신의 매력은
처음인 척, 부끄러운 척, 모르는 척에 있다

비너스 하면 누구나 금방 아름다운 여신의 이미지를 떠올릴 것입니다. 아마 산드로 보티첼리Sandro Botticelli가 그린 「비너스의 탄생」이라는 그림이 알게 모르게 영향을 주었을 것입니다. 비너스에 대한 그리스 신화를 제대로 알지는 못 하더라도 그녀가 미인이며 몸매도 훌륭한 여신이라는 것은 잘 알고 있습니다.

게다가 비너스는 아름답기만 한 것이 아니라 부드럽고 기품 있는 여신처럼 느껴집니다. 아마도 보티첼리가 그린 비너스의 포즈 때문이 아닐까 여겨집니다. 분명히 실오라기 하나 걸치고 있지 않지만 부끄러운 듯 슬쩍 손으로는 가슴을, 그리고 자연스럽게 머리카락으로 여성의 그곳을 가리고 있습니다. 보티첼리는 어떻게 이렇게 훌륭한 포즈를 생각해냈을까 감탄스럽기만 합니다.

우리나라도 이제는 더 이상 섹스라는 단어를 입에 올리는 것이 부끄럽지 않은 환경이 되었습니다. 뿐만 아니라 여자에게 순결을 요구하는 것은 낡은 사상이라는 의견이 우세하기도 합니다. 텔레비전을 틀면 아슬아슬하게 노출한 여자들을 쉽게 볼 수 있습니다. 그러나 여전히 여자의 노골적인 노출이나 정사 장면은 꺼려집니다. 아무리 개방적이라고 해도 여전히 금기의 영역은 남아 있습니다. 사람들은 개방적으로 바뀐 것에 대해서만 이야기하고 아직도 남아 있는 변하지 않는 부분에 대해서는 잘 언급하지 않을 뿐입니다.

시대가 변해서 여자들이 성적인 자유를 얻은 듯 보이지만 남자들은 여전히 노골적인 노출보다는 살짝 가려진 것이 더 자극적이라고 말하거나 여자가 성적으로 더 적극적으로 나오는 것에 대해 거부감을 표하는 경향이 있는 것 같습니다. 이런 변하지 않은 속성에 주목하면 여자가 남자를 대할 때 알아야 할 원칙을 얻을 수 있습니다.

남자들은 흔히 말합니다. 알몸 그대로 보이는 것보다 슬쩍슬쩍 보일 듯 말 듯한 것이 더 자극적이라고요. 그런 심리를 그림 속의 비너스는 그대로 보여주고 있습니다.

이른 바, 처음인 척, 부끄러운 척, 모르는 척입니다. 제목 그대로 「비너스의 탄생」은 처음이라는 것을 강조합니다. 그리고 부끄러운 척 한 손으로 가슴을 가리고 있고, 모르는 척 머리카락으로 중요한 곳을 가리고 있습니다.

이런 태도는 여자들이 남자를 대할 때 있어서 어떻게 해야 하는가를 이야기해주고 있습니다. 많은 여자들이 오해하고 있는 것이 있습니다. 상대가 싫으면 철저히 거부해야 하지만 나도 좋으면 남자들이 적극적으로 들이댈 때 받아주거나 적극적으로 응해줘도 된다고 생각하는 것입니다. 하지만 실제로는 어떤 경우에도 처음인 척, 부끄러운 척, 모르는 척이 필요합니다.

우선 '처음인 척' 입니다. 1980년대를 주름잡았던 전세계의 섹시 아이돌 마돈나는 〈Like a virgin〉을 노래했습니다. 버진이 되라고 한 게 아니라 버진인 것처럼 하라고 했습니다. 핵심은 이것입니다. 처녀여야 한다는 것이 아니라 처녀인 척 해야 한다는 것이죠. 이 말에 또 남자를 속이란 것이냐며 반박하는 분들도 있을 것입니다. 꼭 말로 처음이라고 하라는 게 아닙니다. 바로 태도를 처음처럼 하라는 것이지요.

이게 통하겠냐고요? 통합니다. 이건 남자들의 소유욕이 아니라 정복욕에 대한 속성 때문입니다. 여자를 정복했다는 느낌을 갖게 해주자는 것이지요. 어떤 남자든 처음 섹스하기 전까지만 처녀인 척하라는 것이 아닙니다. 그 후에도 두 번째, 세 번째…… 섹스할 때마다 매번 〈Like a virgin〉이 되라는 것입니다. 예를 들면 처음에는 모텔에 함께 가는 것도 어색해하더니 두 번째는 마치 단골 가게 드나드는 듯한 태도를 취한다면 남자의 정복욕이 쉽게 사그러들 수 있습니다. 언제나 내 남자에겐 처음인 척하는 태도가 중요합니다.

처음에는 처녀처럼 해도 그 다음부터도 너무 그러면 이상하지 않느냐고요? 절대 남자들이 처음에는 처녀를 꿈꾸고 그 다음에는 노련한 여자를 기대할 거라고 착각해서는 안 됩니다. 남자는 마음 속으로 여전히 처녀를 꿈꾸고 있습니다. 그것은 실제 처녀를 의미하기보다는 처녀 같은 여자를 좋아한다고 볼 수 있습니다. 그래서 마돈나도 전세계를 향해서 〈Like a virgin〉이라고 외쳐댄 것일지도 모릅니다.

두 번째 원칙은 '부끄러운 척' 입니다. 혹시라도 남자들이 대담한 스킨십에 매력을 느낄 거라고 생각해서 길거리에서 키스를 먼저 시도하거나 혹은 친구들과 함께 있는 자리에서 먼저 스킨십을 유도하지 마세요. 반대로 그런 공공장소에서 남자가 먼저 시도한다면 살짝 빼면서 "누가 보면 어떻게 해……"라며 수줍게 대응하는 것이 좋습니다. 물론 어느 정도 스킨십이 진행되었거나 이미 깊은 스킨십이 있었던 사이더라도 말입니다. 그리고 둘만 있을 때 혹시 남자가 노골적으로 스킨십을 요구하더라도 "부끄러워……"라며 슬쩍 한번 빼는 게 바로 덥석 받아들이는 것보다 좋은 방법입니다.

그리고 마지막 세 번째는 '모르는 척' 입니다. 여자들 중에 간혹 문학적이나 역사적으로 야한 이야기를 하면 그것은 야한 이야기가 아니라 현학적인 이야기라고 생각하는 분들이 있는 것 같습니다. 그러나 아무리 어떤 배경 근거가 있더라도 거리낌 없이 야한 이야기를 하는 것은 이른바 비너스 같은 여신의 느낌을 스스로 걷어 버리는 일입니다.

여자가 문학이나 역사적인 성 관련 이야기를 할 때 남자들은 여자가 똑똑하다고 생각하기보다는 역시 이 여자가 성에 대해서 잘 알고 있다고 생각하기 쉽습니다. 그러므로 주위에서 야한 이야기가 나오거나 남자가 야한 이야기를 하더라도(유머를 가장해서) 모르는 척을 하고 있는 것이 최선입니다. 성에 대해서 자신이 화제를 끌고 가지 않도록 합니다.

그리고 혹시 남자와의 스킨십이 진행되면서 남자가 물어보거나 혹은 육체적으로 확인할 때가 있을 것입니다. 그때도 모른다고 하기는 어색하니까 "친구한테 들었어" 혹은 "잡지에서 봤어"라고 둘러댈 수도 있습니다. 그러나 이것도 결국엔 '안다' 라는 뜻이 되니까 그렇게까지 대답할 필요도 없습니다. 그냥 웃어 넘기거나 대답을 피하면 됩니다. 몇 번째냐는 질문에 세 번째라는 식으로 대답을 곧이곧대로 해서는 안 됩니다. 포인트는 남자의 질문에 있는 그대로 답해주지 않아도 괜찮다는 것입니다.

관계가 진행되면서 또 이미 섹스까지 진행된 사이라면 매너리즘에 빠질 수 있습니다. 그러나 여자가 처음인 척, 부끄러운 척, 모르는 척을 유지한다면 좀더 신선한 관계가 될 수 있습니다. 남자를 거부하라는 뜻이 아닙니다. 남자의 스킨십 요구를 들어주되 정복욕을 느끼지 못할 정도로 덥석덥석 들어주지 말자는 것입니다.

「비너스 탄생」이 더더욱 극찬을 받는 이유는 이전까지 기독교에 대한 주제만으로 그림을 그리던 풍토에서 벗어나 최초로 신화를 그렸다는 데 있습니다. 이렇게 공식적으로 처음 그려진 누드가 일반 여자가 아니라 여신이었다는 것도 흥미로운 일입니다. 남자들에게는 여신 같은 존재를 사랑하고 싶은 본능이 숨어 있는 게 아닐까요?

피카소는 "나에게는 두 부류의 여성이 있다. 여신이거나 신발닦이, 둘 중 하나다"라는 말을 남겼습니다. 많은 여자들이 여신 같은 태도는 남자를 오히려 멀어지게 하는 게 아닐까 걱정을 합니다만, 남자가 하녀를 버리는 일은 있어도 여신을 배신하는 일은 없습니다.

적을 알기 위해서는 우선 나부터 알아야 한다.
나의 진짜 라이벌은
나보다 어리고 예쁜 여자가 아니라
나처럼 나이 먹고 평범한 외모의 여자들이다.

제임스 티소, 「온실 속에서2(라이벌)」

나이와 외모만으로
콤플렉스를 느낄 필요는 없다

세 명의 여자와 한 명의 남자, 그리고 뒤에 아스라히 보이는 커플, 제임스 티소 James Tissot 의 「온실 속에서2(라이벌)」 작품 속 모습입니다.

원제인 'Conservatory'를 온실로 번역했지만 식물을 기르는 온실이라 기보다는 집안의 거실로 햇빛이 잘 들고 사교장이 되기도 하는 '선룸 Sun room'이라는 의미로 봐야 할 것 같습니다. 「온실 속에서1」의 작품에서는 부제도 없이 여자가 한 명만 그려져 있는데 이 그림에서는 남녀가 함께 있고 부제로 라이벌이 쓰여 있네요.

남녀가 모이게 되면 이렇게 서로 이성을 두고 경쟁하는 일이 흔히 벌어 집니다. 남녀 수를 아무리 맞춰서 삼 대 삼으로 모인다고 해도 늘 큐피드의 화살은 공평하지 못하게 한 명에게 집중되거나 아니면 관심 있는 사람이 하나도 없는 경우가 많으니까요. 이 그림은 남녀가 모였을 때 일어나는 동성

간의 미묘한 경쟁을 절묘하게 표현한 것 같습니다.

티소의 그림은 무엇보다 그 당시 여자들의 드레스를 아름답게 표현한 것으로 유명합니다. 남자의 팔짱을 끼고 노란 드레스를 입고 걸어가며 슬쩍 옆을 보고 있는 「무도회」라는 그림은 보는 사람들에게 황홀감을 안겨주기에 충분한 작품입니다.

마찬가지로 이 그림에서도 여자들의 드레스는 아름다우며 모자와 액세서리도 잘 어울립니다. 그러나 이렇게 아름답게 차려 입은 여자들의 시선은 오묘하기만 합니다. 그림 속 여자들의 시선은 남자에게 머물지 않고 다른 여자를 향하고 있습니다. 남자의 옆에 있는 여자는 남자의 얘기를 듣는 듯 하지만 맞은 편의 여자를 바라보고 있고, 그 맞은편의 여자는 옆의 여자를 바라보고 있고, 그 여자는 정면으로 그림을 보는 우리를 바라보고 있네요. 마치 자신의 라이벌은 그림을 보고 있는 당신들이라는 듯 말이죠.

지피지기知彼知己 백전불패百戰不敗라고 적을 알고 나를 알고 싸우면 백 번 싸우더라도 위태롭지 않다고 합니다. 그런데 적에 대해서 아는 것과 적이 누구인지 아는 것은 다른 의미라고 생각합니다. 우선 우리는 '적'의 실체를 제대로 알아야 합니다. '적이 누구인지'를 먼저 파악하고 그 후에 '적에 대해서' 아는 것이 싸움에 대비하는 자세입니다.

연애에서 여자들의 열등감은 '미美' 하나지만 상당히 뿌리가 깊습니다. 그래서 남자와 헤어지게 되면 그 이유를 '내가 예쁘지 않아서' 차였다고 생각하고 성형 수술을 결심하기도 합니다. 그리고 남자에게 다른 여자가 생겼을 경우 상대가 나보다 예쁘다면 '역시 예쁘지 않아서' 남자가 한눈을 팔았다고 생각합니다. 그 반대로 상대가 나보다 예쁘지 않더라도 '내가 더 예쁘니까 괜찮아'라는 생각 대신 '내가 훨씬 더 예뻤다면……' 하고 생각합니다. 그래서 예쁘고 나이 어린 여자가 좋은 남자를 만나면 당연하다고 생각하고 예쁘지도 않고 나이도 많은 여자가 좋은 남자를 만나면 운이 좋다고 말합니다. 그리고 자기는 운이 나빠서 좋은 남자를 못 만나는 것이라고 생각합니다.

"남자들은 나같은 나이든 여자보다 어린 여자를 좋아해"라거나 "세상에 나보다 예쁜 여자들도 많고 남자들은 예쁜 여자만 좋아해"라며 습관처럼 신세한탄을 합니다. 그리고 이 말을 하면 많은 여자들이 공감해줍니다.

이에 반해서 남자들의 콤플렉스는 복합적입니다. 단순히 외모만이 아니라 자신보다 잘생기고, 지적이고, 경제적인 능력이 있고, 권위가 있는 남자들에 대해서 콤플렉스를 느낍니다.

그래서 여자친구를 다른 남자에게 빼앗기더라도 어느 하나의 문제로 생각하고 그것에 집중하는 경우는 드문 것 같습니다. 전체적으로 자신이 부족하다는 정도로만 생각합니다. 이런 차이는, 현실적으로 남자는 키나 외모가 조금 떨어지더라도 경제적 능력이나 사회적 지위로 평가를 받는 경우가 많지만 여자는 경제적 능력이나 사회적 지위가 있다고 하더라도 결정적으로 외모가 중요한 판단 기준이 되기 때문일 것입니다.

그렇다고 해서 당신의 라이벌이 당신보다 무조건 어리고 예쁜 여자라는 뜻은 아닙니다. 오직 예쁜 외모만을 기준으로 전세계 모든 여성을 자신의 라이벌로 여기는 것은 현실적이지 못한 생각입니다.

당신의 라이벌은 당신보다 어리고 예쁜 여자가 아닙니다. 당신보다 '어리고 예쁜 여자' 의 라이벌은 당신보다 '어리고 예쁜 여자' 입니다. 현실적으로 26세에서 30세 사이의 여자를 만나려는 남자가 있는데 당신이 31세라면 이미 26세에서 30세 사이의 여자들과 경쟁도 못하는 상태라는 뜻입니다.

그렇다면 당신의 라이벌은 누구냐고요? 당신과 비슷한 여자들입니다. 당신이 31세라면 31세 정도의, 당신이 평범한 외모라면 평범한 외모의, 당신이 가진 학력이 전문대졸이라면 비슷한 전문대졸 정도의, 그 여자들 사이에서 경쟁하고 있는 것입니다.

그러므로 당신이 한 살이라도 어려 보이게 하거나 혹은 무리하게 성형수술을 한다거나 시간을 들여서 학력을 높이거나 하는 것으로 경쟁자들을 이길 수는 없을 것입니다. 어차피 당신은 대한민국의 최고의 미인이라고 꼽히는 연예인들과 혹은 대한민국 최고의 두뇌를 가진 여자들과 경쟁하고 있는 것이 아니니까요. 지금 당신의 상태에서 최상의 모습을 만드는 정도면 충분합니다. 쓸데없는 열등의식에 휩싸여 지레 자신을 가꿀 의지마저 꺾지 마세요.

사랑은 느낌이라고 하지요? 그 느낌이란 말 앞에는 굉장히 많은 말이 생략되어 있습니다. 무조건 느낌이 중요한 게 아니라 당신이 속한 그룹이 정해지고 난 후에 그 안에서 승부하는 것이 중요합니다. 마찬가지로 당신도 느낌이 중요하다고 하면서도 주선자가 말해주는 프로필이나 인터넷에 소개된 글에 나와 있는 학력, 직업, 키를 볼 것입니다. 그러고 나서 만날지 말지 생각할 것입니다. 어쩌면 이미 그것만으로 어떤 느낌을 받을 수도 있습니다.

나의 경쟁 상대는 더 이상 나보다 어리고 예쁜 여자가 아니라 나처럼 나이 먹고 평범한 외모의 여자들입니다. 그렇다면 그 안에서 남자에게 좋은 '느낌' 을 주기 위해서 노력하는 것은 그다지 어렵지 않습니다.

흘러간 세월을 탓하지 마세요. 낳아주신 부모님을 원망하지 마세요. 엉뚱한 경쟁 상대와 싸우고 있는 당신의 어리석음을 탓하세요. 그리고 무엇보다 진짜 당신의 라이벌은 '지금의 당신' 임을 기억하세요. 매일매일 당신 자신과 경쟁해서 이기는 내일을 만들어가는 것이 당신이 할 수 있는 최대한의 노력입니다. 엉뚱한 경쟁 상대를 보고 벌써부터 패잔병 같은 생각을 갖기보다는 '지금의 나' 의 상태를 확실히 점검하고 목표를 확실히 정하고 자신감을 갖고 오늘 할 일을 하는 것, 그것이 당신이 어떤 라이벌보다 강해지는 길이라고 생각합니다.

제임스 티소는 프랑스 낭트 Nantes 지역 부유한 상인의 아들로 태어나 파리에서 화가로 활동하며 사교계의 모습을 많이 그렸습니다. 그러던 그는 파리 코뮌에 연루되어 런던으로 망명을 했고 그곳에서 운명의 여인 캐슬린을 만났습니다. 하지만 캐슬린은 결핵에 걸려 2년 만에 죽고, 캐슬린을 잊을 수 없었던 티소는 심령술사까지 찾아가 그녀와 만나고 싶어했다고 합니다.

    그녀의 죽음 후에 티소는 런던 사교계의 화려하고 아름다운 그림은 더 이상 그리지 않고 주로 성서에 대한 그림을 그렸습니다. 그림의 주제도 바뀌고 다시 결혼한 기록이 없는 것으로 보면 티소에게는 캐슬린을 이기는 라이벌이 없었던 모양입니다.

사랑은 마주보는 것이 아니라
같은 방향을 보는 것이라고 한다.
하지만 나란히 앉는 것만으로
사랑을 얻을 수는 없다.
남자를 유혹하는 테크닉으로
사랑을 얻을 수는 없다.

에드워드 호퍼, 「밤 새는 사람들」

사랑은 마주보는 것이 아니라
같은 방향을 바라보는 것이다

"사랑은 서로 마주보는 것이 아니라 같은 방향을 바라보는 것이다." 생텍쥐페리의 『어린왕자』에 나오는 말입니다. 저는 이 말을 들으면서 실제로 마주보는 행위가 아니라 정신적인 의미에서 철학이나 가치관이 같은 쪽을 향해 있다는 뜻으로 해석했습니다. 하지만 정신적인 것 못지 않게 실제로 같은 방향을 보는 것이 서로를 마주 보는 것보다 관계에 도움이 된다고 합니다. 서로 마주 본다는 것은 반대 방향을 보고 앉아 있는 것입니다. 그러면 서로 보고 있는 풍경이 다르게 됩니다. 그러나 같은 방향을 보고 나란히 앉게 되면 같은 풍경을 보게 되서 대화도 풍부해지고 마음이 통하는 느낌을 받습니다.

남자들이 여자와 나란히 앉으려는 데는 손을 잡는 등의 스킨십을 하려는 의도도 있겠지만 어쩌면 같은 방향으로 앉는 것이 친밀감을 높인다는 것을 본능적으로 알고 있기 때문일 수 있습니다. 호퍼Edward Hopper의 그림처럼 심야에 카운터 석에 나란히 앉아 있는 남녀도 그냥 마주보고 앉은 것보다는 서로를 가깝게 느낄 것입니다.

이렇게 서로 마주 보는 것보다 같은 방향을 보는 것이 좋다는 것 외에도 커뮤니케이션에 관한 많은 이론들을 들어보셨을 것입니다. 더 나아가 언어뿐만 아니라 보디랭귀지도 중요하다며 '팔짱을 끼는 것은 상대방의 얘기가 재미 없다는 뜻'이라는 식의 비언어적 방법들까지 종종 화제가 됩니다. 상대방에게 어떻게 질문을 하면 좋은지에 대해서는 되도록이면 '예, 아니오'가 아니라 긴 문장으로 답할 수 있게 질문하라는 테크닉도 나옵니다.

남녀 사이의 대화에 대해서도 당연히 원칙이 많이 있습니다. '칭찬을 많이 하라' '긍정적인 얘기를 많이 하라' 등. 그리고 '상대방의 행동을 그대로 흉내내보라'는 이야기도 있지요. 이른바 '미러링mirroring'이라는 보디랭귀지의 한 방법입니다.

그런데 우린 이 말들을 그대로 믿을 수 없다는 문제에 부딪칩니다. 정말 이대로 하면 남녀 관계가 잘 될까요? 막연히 이런 테크닉을 전부 다 지킨다고 해도 잘 안될 수도 있다는 생각이 들기도 합니다. 그건 왜일까요?

위의 모든 이론은 '서로 대화를 한다'는 전제에서 출발합니다. 그런데 서로 소통을 잘하기 이전의 단계가 존재합니다. 보통의 인간관계라면 '신뢰감'이 먼저입니다. 신뢰감이 있어야 대화와 소통을 하려는 마음이 들고 테크닉도 쓸 수 있게 되지요.

남녀 관계의 대화에서는 신뢰만큼이나 호감이 중요합니다. 호감이 없으면 아무리 화술이 좋고 여러 가지 기술을 완벽하게 실천한다고 해도 대화가 원활하게 이루어지기 어렵습니다. 그리고 호감이 없다면 대화를 하려는 시도조차 하지 않습니다.

그러므로 나에게 말을 걸지 않는 남자에게 커뮤니케이션 스킬은 무용지물일 뿐입니다. 일단 남자가 여자에게 말을 걸었다면 호감이 있다는 것이고 거기서 대화가 시작되는 것입니다. 나에게 말을 안 거는 남자에게 말을 걸게 하는 커뮤니케이션 스킬은 없습니다.

나에게 말을 안 거는 남자를 다가오게 하는 방법은 그 남자가 나에게 호감을 느끼게 하는 것뿐입니다. 호감이란 것은 첫눈에 결정되는 일이고 그 짧은 순간의 승부가 앞으로의 커뮤니케이션을 좌우합니다. 우리는 흔히 '대화가 통해서 좋다'고 말하지만 그 말은 이미 대화를 하기 전부터 호감이 있었다는 뜻이라고도 볼 수 있습니다.

간혹 잡지에서 배운 대로 '눈을 지그시 바라본다'라든가 '좋은 향수를 뿌리고 옆에 앉는다'와 같은 방법을 쓰면 남자를 유혹할 수 있다고 믿는 여자들도 꽤 있는 것 같습니다. 그리고 실제로 이런 방법을 썼더니 남자가 관심을 보이더라며 효과가 있다고 믿기도 합니다. 그러나 당신은 테크닉에 집중한 나머지 진짜 남자의 관심이 자신에게 있는지 없는지 파악할 기회를 놓친 것은 아닐까요?

나 혼자만의 감정으로 일방적으로 남자를 유혹할 수는 없습니다. 그리고 유혹한다는 것과 사랑한다는 것은 또 다른 이야기입니다. 남자를 사로잡는 테크닉으로 나에게 관심 없는 남자를 사랑에 빠지게 할 수 없습니다. 남자의 관심은 당신의 테크닉과는 무관하게 이미 존재하거나 아니면 앞으로도 영원히 없을 수 있습니다. 잘못된 테크닉은 상대 남자에게 당신을 쉬운 여자로 보이게 하거나 당신의 가치를 평가절하시킬 위험이 있습니다.

리얼리즘 화가로서 도시의 고독감에 대해서 주로 묘사한 에드워드 호퍼는 부인과는 모든 게 정반대였다고 합니다. 그녀가 작고 개방적이고 사람들과 어울리기 좋아하고 사교적이고 자유로운 사고방식을 가졌다면, 호퍼는 크고 비밀스럽고 부끄러워하며 조용하고 혼자 있기를 좋아하는 보수적인 스타일이었습니다.

아마도 호퍼는 부인과 수다를 즐기는 타입은 아니었던 듯합니다. 그러나 호퍼의 부인도 미술을 공부했고 호퍼의 모델이자 매니저로 활동했습니다. 이 부부 사이에 쉴 새 없이 이어지는 수다스러운 대화는 없었을지 모르지만 서로의 든든한 동지이자 서포터로 두 사람은 평생 같은 방향을 바라보며 함께 했을 것입니다.

눈에서 멀어지면 마음에서도 멀어진다는 말은
눈에서 멀어져도 마음이 멀어지는 것은
그만큼 나중의 일이라는 뜻이다.
당신의 빈자리가 당신의 소중함을 느끼게 할 수도 있다.

장 오노레 프라고나르, 「그네」

적당히 거리를 두면
당신의 가치가 더 빛날 것이다

연한 핑크빛에 화려한 실루엣의 드레스를 입은 여자가 그네를 타는 이 그림은 제목도 「그네」입니다. 프랑스의 생 쥘리앵 남작은 두아앵이라는 종교·역사 화가에게 그네를 타는 애인의 다리는 잘 보이게 하고 자신은 몰래 그것을 지켜보고 있는 모습으로 그림을 그려달라고 의뢰합니다. 그러나 두아앵은 그림이 너무 통속적이라는 이유로 거절하죠.

그후 의뢰를 받은 프라고나르Fragonard는 상황을 너무 재미있게 묘사했습니다. 여자의 핑크 드레스 사이로 흰 스타킹을 신은 다리 한쪽이 올라가 있고 구두마저 벗겨져 날아가고 있습니다. 그네를 밀고 있는 사제는 어둠 속에 있고요. 그네 타는 여자를 남자는 미묘한 각도에서 지켜보며 손을 뻗고 있습니다. 그리고 큐피드 조각상은 손가락을 입에 대고 "쉿"이라고 말하는 듯합니다. 두 사람이 사랑을 나누는 동안 조용히 하라는 듯이 말입니다.

남자들에게 그네 타는 여자는 굉장히 인상적인가 봅니다. 혜원 신윤복도 비슷한 시기에 「단오도」에서 그네 타는 여인을 그렸습니다. 그리고 『춘향전』에서 이도령도 춘향이의 그네 타는 모습에 반해 사랑이 시작되죠. 그네를 타는 모습이 왜 그렇게 남자들에게 매력적으로 느껴질까요?

프라고나르의 「그네」의 원래 제목이었던 '그네가 가져다준 우연한 행복'에서 그 이유를 조금 쉽게 찾을 수 있을지도 모르겠습니다. 그네를 통해서 남자들은 무엇을 생각할까요?

그림에서도 상상 속에서도 여자들은 바지를 입고 그네를 타지 않을 것 같습니다. 남자들은 치마를 입고 그네를 타는 여자들을 상상합니다. 그네가 하늘을 향해 올라갈 때 감질나게 보이는 치마 속에 대한 환상이 남자들을 매료시키는 것 같습니다. 그림 속의 남자는 치마 속이 보일락말락한 여자를 향해 손을 뻗으며 "어…… 어……" 하는 감탄사라도 내뱉고 있는 듯합니다.

이 그림은 남녀의 물리적 거리만큼이나 남자의 손길이 닿을 듯 말 듯한 정신적 거리감도 잘 표현하고 있는 것 같습니다. 남자들이 여자에 대해서 가장 적극적으로 되는 경우는 그야말로 '손에 닿을 듯 말 듯한 거리'에 있을 때입니다. 그 외에 너무 자신과 다른 세계에 있다고 여겨지는 '손에 넣을 수 없는 여자'에게는 접근할 생각도 없는 게 남자입니다. 그와 반대로 이미 너무 가까이 닿는 거리에 있어서 관심도가 떨어지는 '손에 넣은 여자'도 있습니다.

남자들은 손에 넣을 수 없는 여자라고 판단되면 애초부터 시도도 하지 않습니다. 손에 넣을 수 없는 여자를 그림으로 비유하자면 '그네'에 올라타지도 않는 여자겠지요. 그네 밑에서 지켜볼 기회조차 줄 생각이 없는 여자에게 적극적일 남자는 별로 없습니다.

반대로 손에 넣은 여자는 남자의 애타는 손길에 그네에서 그만 내려와 남자 옆에 머무는 여자를 말합니다. 그렇게 되면 남자는 옆에 있는 여자는 잊어버리고 또 다시 그네를 타고 있는 다른 여자를 쳐다보게 되겠지요. 이 말대로라면 여자는 그네에서 내려오지 않는 게 현명합니다. 남자의 관심을 영원히 나에게 향하게 할 수 있으니까요.

하지만 많은 여자들이 그네 밑에서 안타깝게 쳐다보는 남자의 시선 때문에 남자의 옆에 있어주는 것이 최고라고 생각해서 그네에서 내려옵니다. 그러고는 왜 자신에게 관심이 없는지 혹은 왜 다른 그네 타는 여자를 쳐다보는지 추궁합니다. 그러나 정작 문제는 그네에서 내려온 자신에게 있다는 것을 모릅니다.

왜 그네 타는 여자를 쳐다보느냐고 따지기 전에 자신이 그네에서 내려온 까닭을 생각해봐야 합니다. 아마도 나를 보는 남자의 눈길이 더 뜨거워지길 바라고 내려왔는지 모르겠습니다. 하지만 그것은 여자의 기대가 만들어낸 어리석은 선택일 뿐입니다.

처음에는 옆에 있는 편이 거리를 유지하고 있는 것보다 달콤하게 보입니다. 그러나 남자에게 손에 넣은 여자는 옆에 있으나 잊혀진 존재라는 의미이기도 합니다. 그럴 때 가장 좋은 방법은 다시 그네에 올라서는 것입니다. 남자에게 손에 잡힐 듯 말 듯한 거리를 유지해주는 것이죠. 그러나 한번 내려온 그네에 다시 올라가는 것은 용기가 필요합니다. 이젠 힘들게 발을 구르며 밀러 올라가지 않아도 되는데 굳이 그렇게까지 해야 하나라는 생각이 들지도 모릅니다.

떨어져 죽고 못 사는 게 사랑이라는 생각부터 버려야 합니다. 결국 남자에게 손에 넣은 여자가 되어 눈앞에 있어도 잊혀지는 비극을 맞이하고 싶지 않다면 말입니다. 손에 넣을 듯 말 듯한 거리가 되라는 것은 일부러 멀어지라는 이야기가 아닙니다. 사람과 사람 사이에는 '사이'가 반드시 필요합니다. 그것이 성인이라는 증거입니다. 어린 시절 친구들과는 무엇이든 공유하고 터놓는 관계에 대해서 배웠습니다. 그것이 우정이라고요. 이제 우리는 가까우면서도 간격이 필요한 사이를 연애를 통해서 배우는 것입니다. 우정과 애정의 차이도 여기에 있습니다. 상대방을 존중하고 서로 독립적이기 위해 적당한 거리가 필요하고 그 거리를 어떻게 잘 조절하느냐가 행복한 사랑을 하는 지름길입니다.

이 거리를 조절하기 위해서 남자보다 연락 빈도를 낮춰야 하며 또 남자의 애정표현보다 한 단계 낮춰서 표현할 필요가 있습니다. 애정을 있는 그대로 다 표현해야 속이 시원한 여자라면 그네에서 내려와서 남자에게 왜 나를 쳐다봐주지 않느냐고 원망하는 처지가 되는 것은 시간 문제입니다.

연애는 지금까지 맺어 온 가족 관계, 친구 관계와는 차원이 다른 관계 체험입니다. 이성과 관계 맺는 법을 새롭게 배우는 것입니다. 지금까지 가족 관계나 친구 관계에서는 많은 시간을 공유하고 많은 대화를 하는 것이 서로를 이해하고 더 친근해지는 데 도움이 되는 경험을 했을 것입니다. 그러나 이성 관계에서는 지금까지의 가족 관계나 친구 관계에서와는 다른 방식이 요구됩니다. 그러므로 제대로 된 이성 관계를 20대에 배우지 못하면 우리는 평생 이성 관계를 배우는 기회를 놓치게 될 수도 있습니다. 한번 배운 이성 관계에 대응하는 방식은 앞으로 남은 인생에서 세상의 반인 남자를 대하는 태도에도 큰 영향을 줍니다.

흔히 친구 관계에선 연락이 없으면 거리가 멀어졌다고 생각하고 자주 만날수록 친한 친구라고 생각합니다. 그러나 이성 관계에서는 이런 단순한 방법이 도움이 되지 않을 때도 있습니다. 왜냐하면 연인은 가족처럼 태어나서부터 돈독한 관계를 경험한 사이도 아니고 동성의 친구처럼 시간과 공간을 공유한다고 친해지는 사이가 아니기 때문입니다. 이성은 가족이나 동성 친구와는 전혀 다른 측면에서 매력을 느끼고 또한 다른 목적으로 만나게 되는 사이입니다.

많은 여자들이 남자친구나 남편과 사이가 멀어졌다고 느끼면 더 가까워지려고 "대화를 하자" 면서 시간을 더 같이 보내려고 하거나 아니면 예쁘게 꾸미며 눈길을 끌려고 합니다. 되도록이면 좀 더 상대에게 붙어 있음으로써 문제를 해결하려고 합니다. 이는 여자 친구들 사이의 문제 해결 방식입니다.

남녀 사이에서는 그럴 때일수록 그와 반대로 멀어지는 편이 효과적입니다. 남자친구와 소원해졌다고 느껴지면 혼자 여행을 떠나도 좋고 친구들이랑 즐거운 시간을 보내면서 남자친구와 거리를 두세요. 남자친구는 당신의 빈자리를 더 크게 느끼고 당신의 소중함을 다시 깨닫게 될 것입니다. 당신의 존재 가치는 당신이 없는 빈자리에서 더 빛날 수 있다는 것을 잊지 마세요.

남녀가 아무리 동등하다고 하더라도
사랑을 할 때 남녀는 분명히 다르다.
남자가 힘껏 액셀을 밟을 때
여자는 지긋이 브레이크를 밟는다.
그래야 안전하게 목적지에 도착할 수 있다.

에두아르 마네, 「라튀유 씨의 레스토랑에서」

사랑에는
액셀과 브레이크의 조화가 필요하다

너무나 유명해서 좋아한다고 말하기가 어려운 사람이 있습니다. 예를 들면 모차르트는 누구나 알고 있고 유명하지만 새삼스럽게 "난 모차르트를 좋아해"라고 말하기는 머쓱한 기분이 듭니다. 왠지 라흐마니노프를 좋아하는 게 모차르트를 좋아하는 것보다 더 클래식을 잘 아는 사람처럼 보이기도 하고 말이죠.

아마 화가 중에서 다 빈치나 피카소Picasso도 너무나 유명해서 좋아한다고 말하기 어려울 것 같고, 마네Edouard Manet도 그런 화가 축에 들 것입니다. 하지만 좋아한다고 말하기 어려운 사람들일수록 정작 이름 외에 우리가 알고 있는 게 없는 경우도 흔합니다.

모차르트가 34세에 죽었다는 것을 아는 사람이 몇 명이나 될까요? 다 빈치가 평생 독신이었다는 것을 아는 사람은요? 피카소가 15세에 아주 멀쩡하게 그림을 그렸다는 것을 아는 사람이 몇이나 될까요? 마찬가지로 마네라는 이름은 알아도 그의 대표작이 무엇인지 아는 사람이 몇 명이나 될까요?

마네는 「올랭피아」라는 작품으로 미술사에서 큰 스캔들을 일으켰던 화가입니다. 다들 신화 속 여신의 누드를 그리고 있을 때 현실의 창녀 누드를 그려 살롱전에 출품해 맹비난을 받았고 그 일로 사람들 입에 오르내리기도 했던 인물입니다. 마네의 재미있는 행동은 여러 가지 에피소드로 전해져 옵니다.

특히 '아스파라거스 사건'은 마네의 재치가 느껴집니다. 마네는 프랑스의 부유한 아마추어 사학자이자 작품 수집가인 샤를 에프뤼시에게 아스파라거스 한 다발을 그려주고 800프랑을 받기로 합니다. 그런데 에프뤼시는 그림을 받고 마네에게 넉넉하게 1,000프랑을 지불했습니다. 이 돈을 받은 마네는 아스파라거스 하나를 더 그려서 "당신의 꽃다발에서 분실된 200프랑어치의 아스파라거스가 여기 있소"라는 메모와 함께 에프뤼시에게 보냈다고 합니다. 이러한 마네의 에피소드는 그림만큼이나 흥미롭습니다.

마네의 「라튀유 씨의 레스토랑에서」라는 그림은 누가 봐도 '아, 남자가 여자에게 관심 있구나!'라고 알 수 있을 정도로 남자의 자세가 여자 쪽으로 기울어져 있습니다. 또 여자의 '난 안 넘어갈 거예요'라는 태도도 절묘하게 표현되어 있습니다. 그리고 저 뒤에서 이 광경을 지켜보고 있는 사람이 바로 레스토랑의 주인 라튀유 씨일지도 모르겠습니다. 실제로 마네는 라튀유 카페에 친구들과 자주 드나들었다고 합니다.

마네는 이 그림에서 여자에게 적극적으로 구애하는 남자와 모르는 척 튕기는 여자의 전형적인 관계를 잘 표현하고 있습니다.

연애하는 남녀를 자동차에 비유하자면 남자는 액셀, 여자는 브레이크라고 할 수 있습니다. 자동차를 달리는 목적으로만 만들었다면 액셀만 필요했을지도 모릅니다. 그런데 오른발로 제어하는 브레이크 페달이 더 크다는 사실은 무슨 의미일까요? 속도를 높이는 데는 액셀이 필요하지만 결정적인 역할은 브레이크가 한다는 뜻이 아닐까요?

액셀만 밟다 보면 과속하거나 안전 운전을 할 수 없습니다. 우리는 시기적절하게 브레이크를 밟아야 안전하게 제 시간에 목적지에 도착할 수 있습니다. 사귀는 사이에서 남자는 액셀의 역할을 한다고 생각할 수 있습니다.

남자들은 남녀 관계를 액셀로만 제어하려고 합니다. 이런 현상은 관심 있는 여자에게 시시때때로 연락하고 아무 때나 여자를 만나자고 하고 급만남의 제안도 서슴지 않습니다. 그러다가 어느 순간 남자들은 브레이크를 밟는 것이 아니라 더 이상 액셀을 밟으려고 하지 않습니다. 그냥 그대로 두는 것이지요. 이럴 때 여자는 초조해집니다. 그 동안 남자가 열심히 액셀을 밟고 달렸는데 왜 지금은 액셀을 밟지 않을까 불안합니다. 그래서 대신 액셀을 밟기로 작정합니다.

한동안은 신나게 달립니다. 역시 여자는 액셀을 밟기 잘했다고 생각할 수도 있습니다. 그러나 남자는 점점 재미가 없어집니다. 자기가 운전하지 않아도 저절로 달리는 차에 흥미가 없어집니다. 그리고 다른 차에 흥미를 느낍니다. 이런 남자를 보고도 여자는 점점 더 액셀만 밟아댈 뿐이지요. 그러던 어느 날 결국 남자는 차에서 내리고 맙니다. 물론 그 동안 대신 액셀을 밟아줘서 고맙다고 인사는 할지 모릅니다. 그러나 액셀을 못 밟게 되어 재미가 없어졌다는 말은 차마 하지 못할 것입니다.

자, 그렇다면 이제 바꾸어서 여자가 브레이크를 사용해봅시다. 브레이크를 밟는 것은 자신이 먼저 어떤 행동을 취하지 않는다는 의미입니다. 남자는 여자의 브레이크를 느끼고 여전히 액셀을 밟고 싶은 마음이 들 것입니다. 그리고 액셀을 밟는 것은 온전히 자신의 역할이라고 느낄 것입니다. 그리고 나중에는 적절히 브레이크를 밟아줬던 여자에게 더 큰 애정을 느끼게 될 것입니다.

우리는 지금까지 브레이크의 중요성을 인식하지 못했는지 모릅니다. 자동차는 달려야 한다고만 생각하고 또 현재의 속도만 중요하게 생각했습니다. 그래서 그저 달리는 것에만 집중하느라 일정 속도로 목표지점에 도착하는 것까지는 생각지 못했습니다. 그저 빨리 달리는 것에 대해서만 자극을 느끼고 그것이 진정한 운전이라고 믿었을 수도 있습니다.

왜 액셀보다 브레이크 페달이 크고, 또 중요한 오른발로 밟게 해놨을까요? 당연히 액셀보다 브레이크가 중요하기 때문입니다. 연애에서도 브레이크를 밟는 역할이 절대로 수동적인 태도를 의미하는 것은 아닙니다. 꼭 있어야만 하며 어찌 보면 남자보다 더 중요한 역할을 할 수도 있습니다.

지금까지 속도를 내는 데만 관심을 가졌다면 액셀과 조화를 이루어 목적지에 안전하게 도착하게 하는 브레이크에도 관심을 가져봅시다. 속도를 내는 역할은 그에게 맡기고 당신은 시기 적절하게 브레이크를 밟아줍시다. 이것은 남녀 불평등이 아니라 조화라는 것입니다. 당신의 사랑엔 액셀과 브레이크가 적절하게 공존하고 있는지 한번 생각해봅시다.

남자가 여자를 향해 자신이 갖고 있는 관심보다 과장해서 표현하고 여자는 자신의 관심보다 낮추어서 표현하는 데는 이유가 있습니다. 남자는 무의식적으로 성적인 목표가 있기 때문에 되도록이면 적극적으로 다가가서 빨리 목표를 이루려고 합니다. 하지만 여자는 임신과 출산, 양육의 과제를 갖고 있어서 다가오는 남자가 어떤 남자인지 모르는 상태에서 덥석 받아줄 수 없기 때문에 최대한 관찰 기간을 오래 가져야 합니다. 모르고 받아줬다가는 인생이 달라질 수도 있으니까요.

괜찮은 남자인지 판단하기 위한 시간을 길게 가질수록 후회 없는 선택을 할 수 있습니다. 그러므로 여자가 남자의 접근을 미루고 신중하게 생각하는 것은 어찌보면 당연한 것입니다. 그러니 노력하는 남자가 안타까워도, 적극적으로 남자가 구애를 하더라도 자신의 속도를 포기하지 않는 것이 내가 원하는 미래를 얻는 현명한 길입니다.

그림 속에서 콧수염 남자는 정신 없이 액셀을 밟고 있다면 여자는 지긋이 브레이크를 밟고 있는 것 같습니다. 그리고 이 흥미로운 남녀가 어떻게 될지 지나가던 라튀유 씨가 지켜보고 있는 듯합니다.

과연 이 커플은 어떻게 되었을까요? 이런 상상을 해봅니다. 여자는 곤란한 듯 일어서 버리고 남자는 안타까워합니다. 그렇지만 그 다음에 두 사람은 또 만나게 됩니다. 남자는 반가움에 여자에게 말을 걸고 그제서야 여자는 남자에게 마지못해 한 끼 식사 정도는 같이 할 수 있다고 승낙해주지 않을까요?

배신자에게 상처를 주려는
사랑의 복수는 상대방이 아니라
나에게 더 큰 상처를 남긴다.
용서는 배신자를 위한 것이 아니라
나 자신을 위한 것이다.

신윤복, 「월야밀회」

나를 위한 진정한 복수는
깨끗이 잊는 것이다

신윤복의 그림은 상황 묘사가 참 재미있습니다. 「월야밀회月夜密會」라는 이 작품은 말 그대로의 '달밤의 은밀한 만남' 입니다. 달이 떠 있으니 있어서 달밤이라는 것은 알겠고 '밀회' 라는 것은 어떻게 알 수 있을까요? 오른쪽에서 지켜보고 있는 여자의 존재가 서로 얼싸안고 있는 연인의 관계를 잘 설명해주고 있습니다.

어떻게든 따라와 몰래 지켜보고 있는 여자와 다른 여자를 안고 있는 남자는 무슨 관련이 있을까요? 조선시대니까 애인이라고 하긴 어려울 것 같고 부인일지도 모르겠습니다. 그렇다면 여자는 남자의 뒤를 밟아서 여기까지 따라온 모양이네요. 이른바 미행을 해서 남자의 행적을 알아내는 솜씨가 탐정과도 같습니다. 그런데 문득 이런 생각이 들었습니다. 남자는 여자가 뒤쫓아오는 것을 모르고 있었을까요?

미국 드라마 〈데미지〉에서 여주인공인 변호사 패티는 남편이 바람 피는 것을 알게 된 후 언론에 바람 피는 사진을 익명으로 흘려서 장관 후보에 있던 남편을 끌어내립니다. 그때 그녀는 동료변호사 엘렌에게 "바람 피는 것이 속상한 게 아냐, 그걸 들킬 정도로 느슨한 게 속상해"라고 말합니다.

많은 여자들이 자신의 남자친구에게 다른 여자가 생겼다는 것을 알고 자신 쪽에서 먼저 헤어졌다고 생각하는 경우가 많습니다. 과연 그럴까요?

남자가 바람을 핀 것은 물론 용서할 일이 아니지만 바람 핀 사실을 들켰을 때의 행동도 중요합니다. 어떤 남자는 미안하다고 다시는 안 그러겠다고 사과를 하기도 하지만 어떤 남자는 오히려 여자를 스토커 취급하기도 합니다. 그리고 슬쩍 사라지기도 합니다. 이 중에 그나마 나은 태도는 사과를 하는 것입니다. 역으로 여자에게 화를 내거나 슬쩍 사라지는 남자는 더 이상 여자에게 애정이 남아 있지 않은 상태입니다.

남자가 원래 애인이 있고 몰래 다른 여자를 만났다면 들키지 않기 위해 많은 노력을 할 것입니다. 핸드폰에 비밀번호를 걸어놓거나 오히려 미리 전화를 해서 자신이 왜 바빠졌는지 장황하게 설명하려고 할 것입니다. 심지어는 비싼 선물을 해서 눈치 못 채도록 노력할 것입니다. 오히려 이때는 눈치 채기 어려울지도 모르겠습니다. 그런데 이 상황을 지나서 원래 만나던 여자보다 새로운 여자 쪽에 더 마음이 기울어진다면 어떻게 될까요?

상대적으로 원래의 여자친구에게 소홀해질 수밖에 없습니다. 그러던 중에 원래 여자친구가 시시콜콜 따지고 들거나 짜증을 내면 어느 순간에는 나

몰라라 하는 상태가 됩니다. 이제 더 이상 들키지 않기 위한 노력을 포기할지도 모릅니다. 핸드폰의 문자 수신함을 점검해서 지워놓지도 않고 왜 못 만나는지에 대한 변명도 귀찮아할 것입니다.

이때가 어쩌면 여자가 명탐정으로 돌변하는 순간일지 모릅니다. 여자는 결정적 증거는 없지만 자신의 감은 틀린 적이 없다며 다른 여자의 흔적을 찾아나섭니다. 그래서 바람을 피는 것은 심적 증거가 물적 증거라는 말도 있습니다. 이상하단 생각이 들었을 때는 이미 늦었을지도 모릅니다.

특히 당신이 몰래 본 남자의 핸드폰에서 "자기야, 어제 영화 재미있었어"라는 여자의 다정한 문자를 발견했다면 이미 사태는 돌이킬 수 없는 지경에 와 있는지 모릅니다. 이럴 때 당신은 화를 내며 남자에게 "이제 그만 헤어져"라고 하겠지요. 당신은 육감으로 밝혀낸 위대한 수사의 결과라고 생각하며, 금방이라도 교도소로 보내버려야 마땅한 나쁜 놈이라는 결론을 얻습니다. 하지만 당신의 입에서 나온 '헤어지자'는 말은 어쩌면 남자가 기다려온 말일 수 있습니다. 이렇게 남자는 힘들이지 않고 여자에게 이별을 말할 수 있습니다.

애인에게 다른 여자가 있다는 것을 알게 된다는 것, 혹은 직접 보게 되는 일은 큰 상처가 될 것입니다. 물론 남자의 뻔뻔함이나 도덕성을 문제 삼을 수도 있습니다. 하지만 상처입은 자존심에 도움이 되지는 않습니다. 실제로 남자에게 문제가 없다는 것은 아닙니다. 그러나 그 이면에 숨겨진 '남자가 마음이 변했다' 혹은 '남자가 애정이 없다'라는 기본적인 사실이 더 중요합니다. 그럼에도 불구하고 많은 여자들이 남자가 아직도 자기를 좋아하는데 순간적으로 다른 여자에게 눈이 돌아간 것뿐이라고 믿는 데서 문제가 복잡해집니다. 이런 잘못된 믿음에서 급기야 복수를 꿈꾸게 되는 것은 아닐까요? 이미 식어버린 혹은 변해버린 남자의 마음을 인정합시다. 그러고 나면 자신이 취해야 할 행동이 어떤 것인지 명확해집니다.

두 사람의 노골적인 밀회를 쳐다보고 있는 여자, 그리고 남자와 끌어 안고 있는 여자. 저는 왠지 밀회를 훔쳐보고 있는 여자에게 감정이입이 되어 얼마나 마음이 찢어질까, 얼마나 괴로울까 하며 안타까운 마음이 듭니다. 그렇지만 이 여자가 저에게 상담을 요청해온다면 저는 복수 따위는 하지 말고 그냥 조용히 떠나라고 충고하고 싶습니다.

복수를 하고 싶어하는 당신의 속마음은 정말로 남자가 곤경에 빠지기를 바라는 게 아닙니다. 남자가 다시 돌아오기를, 그리고 다시 그 남자와 잘 되기를 바라고 있는 것입니다. 그러나 이미 다른 여자가 생겨서 들킨 남자는 당신에게서 마음이 떠난 남자입니다. 어쩌면 그 사실을 인정하는 일이 복수를 택하는 것보다 더 어려울 수도 있습니다.

앙드레 콩트-스퐁빌A. Comte-Sponville은 "용서하기, 그것은 포기이다. 그것은 경우에 따라 벌주기를 포기하거나 증오하기를 포기하는 것, 심지어 심판하기를 포기하는 것이다"라고 했습니다. 이것은 단순히 착한 사람이 되자는 의미가 아닙니다. 내가 상대방에게 하는 악행은 결국 상대방이 아니라 내 마음을 괴롭히게 됩니다.

〈홍도야 우지 마라〉라는 옛날 영화에서도 우리는 같은 교훈을 얻을 수 있습니다. 홍도는 오빠의 학비를 마련하기 위해 기생이 되고, 오빠의 친구 영호와 사랑에 빠집니다. 집안의 반대 끝에 결혼은 하지만 영호는 외국 유학을 떠나고 시어머니의 학대와 계략으로 홍도는 시집에서 쫓겨납니다. 외국 유학에서 돌아온 영호는 아무것도 모르고 부잣집 딸과 약혼을 합니다. 그 소식을 들은 홍도는 약혼식장에 달려가고 흥분한 나머지 부잣집 딸을 칼로 찔러 죽입니다. 하지만 아이러니하게도 그 살인 현장에 달려온 경찰은 홍도의 친오빠입니다. 이때 살인죄로 잡혀가는 홍도에게 오빠가 불러주는 노래가 〈홍도야 우지 마라〉인 것입니다.

여기서 홍도는 자신을 배신한 약혼자의 뒤를 캐고 또 복수를 하게 되지요. 그런데 결국 남은 것은 살인죄로 감옥에 가는 고통뿐입니다. 화는 참는 것보다 터뜨리는 게 낫다는 말이 있으나 실제로는 공격적인 성향만 키우는 효과를 낳습니다. 어차피 화는 시간이 지나면 풀어지게 되어 있는 것이지요. 홍도처럼 칼로 찌르고 후회하거나 방아쇠를 당긴 후 후회해도 소용이 없습니다.

중요한 것은 언제나 나 자신입니다. 복수로 일시적으로나마 상대를 고통스럽게 할지 모르지만 복수를 하고 난 후에 자신이 받는 상처는 아마 상대의 고통보다 더 클 것입니다. 순간적인 충동으로 복수를 하기보다는 그 복수를 포기하는 편이 자신을 고통의 가시밭길에서 빠져나오게 하는 지름길입니다.

남자가 바람을 피웠다고 하더라도 내가 알지 못한 채 헤어지는 것이 오히려 상처 없이 이별하는 방법입니다. 언제나 중요한 것은 상대가 아니라 자기 자신입니다. 상대를 고통스럽게 하는 것보다는 자기 자신이 상처를 받지 않는 것이 먼저입니다.

가장 좋은 이별의 방법은
'바람과 함께 사라지기'일지도 모른다.
이별의 이유와 방식에 대해서
서로 합의가 이루어질 수 없기 때문이다.
좋은 이별은 확실한 이별이 아니라
상처가 적은 이별이다.

카를 슈피츠베크, 「작별」

가벼운 키스가
이별의 모든 것이 될 수 있다

카를 슈피츠베크Carl Spitzweg는 「가난한 시인」이란 그림으로 유명합니다. 원래 약사였던 그는 약보다는 그림이 사람을 더 웃게 하고 도움이 된다는 생각에 화가가 되기로 결심합니다. 그는 그리는 것뿐만 아니라 연극도 하는 다재 다능한 인물이었습니다.

카를 슈피츠베크의 작품 중에서 유독 「작별」이란 그림이 제 눈에 들어왔습니다. 제목을 보기 전까지는 '가벼운 키스' 정도가 그림의 제목이 아닐까 싶었는데 「작별」이라니요. 그림에서 보이는 풍경과 차이가 느껴져서 한참을 쳐다보았습니다.

아름다운 작별이란 생각이 들었습니다. 두 사람은 다정하게 키스를 나누지만 작별인 것입니다. 이별이 아름다우려면 끝은 어쩌면 키스여야 할지 모르겠습니다. 그런데 연인과 키스 후에 헤어지는 일은 좀처럼 일어나기 어렵습니다. 늘 끝장을 보고 헤어지려는 사람들이 있기 때문입니다. 그런 사람들은 특히 '맺고 끊음이 분명하다' 라는 개념에 사로잡혀 있기도 합니다.

영화 〈타짜〉에서 나온 "나 이대 나온 여자야" 라는 대사보다 더 막강한 말이 "나 맺고 끊음이 분명한 여자야" 가 아닐까 싶습니다. 대부분 이런 성격이라고 스스로 말하는 사람들이 맺는 일보다는 끊는 일을 더 많이 하고 있다는 사실이 놀라울 따름입니다.

특히 남자에게 연락이 없거나 혹은 애매한 이별의 말을 들었을 경우에, "난 맺고 끊음이 분명한 여자야. 마지막으로 한 번은 연락해봐야겠어" 라고 말하며 연락을 합니다. 그럴 때 이런 말을 하기도 합니다. "난 맺고 끊음이 분명한 성격이라서 그러는데 OO씨의 마음을 듣고 싶어요." 하지만 그럴 때 들을 수 있는 답은 '맺는' 쪽으로 결론이 날 확률이 거의 없습니다.

"OO씨는 좋은 여자라고 생각해요. 하지만 저에겐 너무 과분해요."
"제가 요즘 일 때문에 신경 쓸게 많아서 소홀했네요. 죄송해요."

들을 수 있는 말은 '끊기' 위한 대답일 뿐입니다. 이별을 할 때는 '자, 오늘부터 이별이야' 라는 선언보다는 그림처럼 이렇게 평범한 키스를 끝내고 바람처럼 자연스럽게 사라지는 방법을 취하는 것이 나을 때도 있습니다. 그러나 이런 방법도 맺고 끊음이 분명한 여자의 관점에서 보면 무용지물이 됩니다. '맺고 끊기' 를 잘해야 예의 바르고 또 성공할 수 있다고 믿고 있는 여자들은 또 다시 상대방에게 연락을 합니다.

"헤어지는 건 좋지만……. 저는 맺고 끊음이 분명한 여자라서 이유라도 듣고 싶네요."
"이별은 받아들이겠지만 난 맺고 끊음이 분명한 여자라서 언제부터 마음이 변했는지 알고 싶네요."

이렇게 밀어붙여서 원하는 답을 들을 수 있을까요? 아니면 다시 맺기가 될까요? 오로지 끊기밖에 안 됩니다. 그러면서 왜 말은 맺고 끊기가 분명한 사람이라고 할까요? 그 이유는 맺기에 대한 기대감을 버릴 수 없기 때문입니다.

대부분 이 말은 맺기에 대한 기대를 갖고 사용합니다. 마치 자신이 '맺고 끊기'에서 '끊기'라는 무기를 갖고 나오면 상대방이 겁을 먹고 '맺기'로 돌아서지 않을까 하는 기대감을 품는 것입니다. 그러나 공포심을 자극해서는 절대로 맺기의 효과를 얻지 못합니다. 왜냐면 상황 자체가 이미 끊기 쪽으로 가 있기 때문입니다. 물론 이 말을 던질 때는 어느 쪽이든 한쪽으로 결론 내고 심지어 끊어지더라도 받아들일 각오가 되어 있다고는 하지만, 정말로 끊기로 결론이 나면 분명히 상처 받았다는 생각이 들 것입니다.

그래서 '맺고 끊기'를 내세우며 지금 당장 이별의 말을 듣고 상처를 받는 것보단 차라리 직접적인 말 없이 자연스럽게 멀어지는 방법을 택하라는 것입니다. 조금 답답하더라도 이 방법이 두고두고 자신을 보호하는 길입니다.

이것은 단순히 남녀 관계에서뿐만이 아닙니다. 다른 인간관계에서도 '맺고 끊음이 분명한 사람'이라고 자칭하는 사람들은 실상 주변에 사람이 없는 경우가 많습니다. 그런데 자신이 왜 그렇게 사람이 없는지는 생각하지 못하고 오로지 '맺고 끊는 성격'을 자랑스럽게 내세웁니다.

남녀 관계를 포함해서 모든 인간관계에서 우리는 '끊기'보다는 '맺기'에 초점을 맞춰야 합니다. 어떻게 하면 사람들과 좋은 관계를 맺을 것인가, 오래 가는 관계를 맺을 것인가? '끊기'라는 것은 본인이 끊어낸 관계가 아니라 '맺기'에서 실패하거나 혹은 걸러진 관계일 뿐입니다. '맺고 끊기'는 일방적으로 가능한 일이 아닙니다. 살다 보면 애매한 상태로 유지되는 관계가 더 많습니다. 좋은 인간관계를 맺는 방법이란 바로 이 애매한 관계를 얼마나 인내심 있게 지낼 수 있는가에 달려 있는지도 모르겠습니다.

"난 맺고 끊음이 분명한 여자야"라면서 자신의 모든 행동을 합리화하기 전에 그렇게 해서 자신이 어떤 관계를 맺고 있는지 점검해봐야 합니다.

약보다는 그림이 더 많은 사람에게 긍정적 영향을 줄 것으로 생각해 화가로 진로를 바꾸었던 슈피츠베크는 엉엉 울거나 서로 싸워서 상처를 남기는 이별이 아니라 아련히 살짝 멀어져 가는 자연스런 작별을 제안하고 싶었나 봅니다.

사랑 없는 섹스는 공허하고
섹스 없는 사랑은 허무하다.
남자에게 섹스는 열정의 끝이라지만
여자의 태도에 따라서
또 다른 열정의 시작이 될 수도 있다.

피에르 보나르, 「남과 여」

섹스는 관계의 끝이 아니라
시작이다

보나르Pierre Bonnard의 「남과 여」란 그림은 참으로 독특합니다. 보통 남자와 여자가 벗고 있는 그림 중에 이렇게 거리감을 느끼게 하는 경우는 드뭅니다. 남녀가 벗고 있다는 것은 그만큼 친밀한 관계임을 나타내니까요. 그런데 보나르의 그림은 이렇게 남자와 여자 사이에 바리케이드가 쳐져 있습니다. 더구나 이 상황은 섹스 후의 모습입니다.

남녀 관계에서 육체적으로 가장 깊은 사이가 되는 것을 섹스라고 말하는 데 이견은 없을 것입니다. 그리고 또 섹스 후에 남자가 여자에게 관심이 떨어져서 버려질 수 있다는 우려도 많이 떠돌고 있지요. 그래서 남자와 사귀면서 섹스를 하게 되었다면 섹스 전보다 그 후가 훨씬 더 중요합니다. 섹스 후에 본격적인 결혼으로 가느냐 혹은 이별이냐의 갈림길에 놓인다고 볼 수 있으니까요. 이 두 가지 갈림길은 그 남자와 섹스를 한 후에 나뉜다고 봐도 과언이 아닐 것입니다. 갈림길은 어쩌면 첫만남부터 존재하지만 이때가 실질적 갈림길이 된다고 봅니다.

첫 섹스 후에 일단 남자는 전보다 더 로맨틱하게 당신을 대해주고 잘해줘야 합니다. 이것은 인위적인 노력이 아니라 자연스러운 행동입니다. 남자는 보통 좋아하는 여자라면 섹스 후에 더 좋아지고 아껴주게 됩니다. 만약에 섹스 후에도 전과 태도가 다르지 않다면 당신은 이때야말로 마음 속으로 이별을 준비해야 할지도 모릅니다.

섹스 후의 만남이 보통의 데이트에서 완전히 섹스가 목적이 되는 만남으로 바뀌었다면 이제는 단순히 섹스파트너로 전락했다는 의미입니다. 섹스를 했더라도 여전히 밥 먹고 영화보고 여행가는 평범한 데이트가 이어져야 합니다. 우선 섹스 후에 남자가 더 애틋해졌고 더 잘해주고 아껴준다면 이제 남은 문제는 '앞으로 섹스를 어떻게 할 것인가' 입니다.

스킨십에는 전진만 있고 후퇴는 없습니다. 이제부터 만나면 섹스라는 것을 빼놓을 수 없게 됩니다. 그러므로 첫 섹스를 한 후에도 다음의 세 가지를 의식하면 좋습니다.

1. 먼저 요구하지 않는다.
2. 모든 요구를 받아주지 않는다.
3. 용건에만 집중한다.

첫째, 먼저 요구하지 않는 것입니다. 우리는 어렸을 때부터 엄마 몰래 훔쳐보는 월간지에서 남편의 사랑이 식었을 때는 '야한 속옷을 입고 기다려라' 거나 '야한 몸짓으로 남편을 유혹하라' 는 식의 조언을 종종 보아 왔습니다. 그러나 실제는 어떨까요? 여기서 우리는 남자들 사이에서 나오는 농담에 주목할 필요가 있습니다. 부인이 제일 무서울 때가 언제냐고 했을 때, 밤 늦게 야근하고 들어갔는데 '부인이 안 자고 야한 속옷 입고 누워 있을 때!' 라는 말이 있습니다. 그렇다면 이 둘 사이의 차이는 무엇일까요? 대답은 아주 간단합니다. 남자가 원하느냐, 여자가 원하느냐의 차이겠지요.

여자들은 결혼 전에 연락의 횟수에 집착하듯이 결혼 후에는 관계 횟수에 집착하는 경향이 있는 것 같습니다. 하지만 누구나 알고 있듯이 횟수보다는 질적인 내용이 중요합니다. 남자가 정말 원해서 하는 섹스와 '의무방어전' 은 다릅니다. 그러므로 남자가 자발적 의지로 움직일 때까지 기다려줘야 합니다. 남자는 정복욕이 중요하기 때문에 여자가 원한다고 하더라도 남자 쪽에서 시작해서 해냈다는 기쁨을 줄 필요가 있습니다.

두 번째는 모든 요구를 받아주지 않는 것입니다. 흔히 떠도는 이야기 중에 '남자는 20대에 왕성하고 여자는 30대에 왕성하다' 라는 말이 있습니다. 실제로 그럴 수도 있겠지만 어쩌면 20대 때 연애하던 시절에는 남자의 요구를 거절하던 여자들이 결혼해서는 원하는 대로 다 들어주니까 남자의 관심이 시들해져서 나온 말이 아닌가 싶습니다. 여자들이 사랑을 확인하고 싶은 마음에 그것을 섹스의 횟수로 증명하려는 것일지도 모르겠습니다.

횟수에 연연하지 않으려면 남자가 늘 먼저 요구하게 하면 됩니다. 그러기 위해서는 가끔은 섹스를 피하는 것도 효과가 있습니다. 그렇지만 거절할 때는 피곤해서, 그날이라서, 머리가 아파서 등 하고는 싶은데 몸이 안 따라 준다는 핑계를 대는 게 좋습니다. 절대로 남자나 자신의 기분 탓을 하지 마세요. 남자에게도 여자가 하기 싫어한다는 것은 민감한 문제이므로 신체적으로 불가능한 핑계를 대는 것이 좋습니다. 이렇게 하면 남자가 원하는 횟수는 여자가 응하는 것보다 많게 되므로 여자의 입장에서는 횟수에 대한 불만이 없어질 수 있습니다.

마지막으로, 용건에 집중하는 것 또한 상당히 중요합니다. 대화를 하고 싶어하는 여자들의 마음은 어떤 순간에도 발동하지요. 결혼한 여자들은 침대에 누워서 남편에게 말을 걸기도 하는데 일단 섹스가 시작되면 대화는 자중하는 게 좋습니다.

우리는 속궁합이란 말을 하면서 남녀 사이에 섹스의 중요성을 강조합니다. 물론 중요합니다. 그러나 이 또한 유전적으로 서로 잘 맞게 태어난 남녀가 오직 두 명일 리가 없으니 보통 남녀가 만나서 사랑을 한다면 무리 없으리라고 생각합니다. 물론 예외는 있겠지만, 그 예외가 아주 많지는 않을 것입니다.

중요한 것은 섹스 또한 남자가 여자를 좋아하고 배려할 때 더 충실하게 이루어지고 또 지속될 수 있다는 점입니다. 신체만이 반응하는 섹스란 동물적인 섹스이며 행복한 관계로 이끌어 주는 진정한 의미의 섹스라고 보기는 어렵습니다.

　보나르의 부인이었던 마르트는 평생 보나르에게 미스터리한 존재였고 죽어서야 마르트의 가족이 나타나서 재산 싸움을 하게 되었다고 합니다. 마르트는 결벽증도 있어서 매일 목욕을 자주 했고, 보나르는 목욕하는 마르트의 모습을 많이 그렸습니다. 아마도 이런 부인과 평생 살았던 보나르라서 「남과 여」에서처럼 섹스 후에도 두 사람의 세계가 완전히 나뉘어진 모습의 그림을 그릴 수 있었을 것입니다.

선택하라, 르누아르처럼

양다리의 함정에서 벗어나는 방법
조바심 내지 마라. 기다리지 않으면 이긴다
남자의 말이 아니라 행동과 사랑에 빠져야 한다
늦게 결혼하는 게 좋다는 말은 새빨간 거짓말이다
연애의 미래는 이루어지지 않은 결혼이다
짝사랑이란, 남자의 친절에 대한 착각일 뿐이다
프러포즈를 받을 때까지는 중복 데이트가 필요하다
숨겨진 사랑, 자존심에 상처를 남긴다

사랑의 선택은
진정 나를 위한 선택이어야 한다.
타인에게 묻지 말고
스스로에게 물어라.
이 사람과 평생 행복할 수 있겠느냐고.

오귀스트 르누아르, 「시골에서의 춤」 「도시에서의 춤」

양다리의 함정에서
벗어나는 방법

르누아르A. Renoir와 그의 그림은 무척 유명하지만 르누아르의 삼각관계에 대해서 아는 사람은 많지 않은 것 같습니다. 앞의 두 그림에서 과연 누가 르누아르의 부인 알린느일까요?

르누아르가 처음 만난 사람은 알린느였습니다. 르누아르는 상류사회의 그림을 많이 그렸지만 실제로는 시골 태생의 소박한 사람이었습니다. 파리로 온 르누아르는 양복점에서 일하는 알린느를 보고 사랑에 빠졌습니다. 풍만한 가슴을 가진 알린느의 아름다운 몸매가 르누아르의 이상형에 가까웠다고 합니다.

그런데 르누아르가 잠시 인상파에서 멀어졌을 무렵, 그는 알린느와 또 다른 여자 사이에서 마음의 갈등을 일으키고 있었습니다. 수잔 발라동이라는 여자인데요. 17세의 그녀는 어떤 남자의 마음도 사로잡는 미인형에 그림에 재능도 있었습니다. 이른바 신여성이라고 할 수 있겠지요. 수잔 발라동은 르누아르뿐만 아니라 많은 화가의 모델이 되었고 그녀 자신도 화가로 활동을 합니다. 그리고 나중에 사생아를 낳게 되는데 그 아이가 바로 풍경화의 대가인 위트릴로Maurice Utrillo입니다.

이런 르누아르의 마음을 누구보다 재빨리 알아챈 사람이 바로 나중에 부인이 된 알린느였습니다. 수잔을 그리고 있는 르누아르를 찾아갔을 때 그의 무릎에 그녀가 앉아 있는 것을 보고 화가 난 알린느는 「시골에서의 춤」의 얼굴 부분을 엉망으로 만들어 놓았고, 후에 르누아르는 수잔의 얼굴 대신 알린느의 얼굴을 그려 넣었다고 합니다.

그래서 「도시에서의 춤」 「시골에서의 춤」 「부기빌에서의 춤」까지 합친 댄스 삼부작 중에서 「도시에서의 춤」과 「부기빌에서의 춤」은 수잔이 모델이고 「시골에서의 춤」만 알린느가 모델이 되었습니다. 그 후, 르누아르는 수잔과 결별하고 알린느와 결혼을 했고 알린느는 가정을 돌보며 르누아르의 작품활동을 열심히 도왔습니다.

연애라는 상황은 서로가 유일한 상대였으면 하는 소망을 전제하지만 우리는 곳곳에서 양다리 혹은 그 이상의 문어발에 대해서 이야기를 듣습니다. 양다리 상황에 처해서 괴로워하면서도 미련을 못 버리는 여자들도 상당히 많습니다. 양다리의 상황에 놓이지 않는 것이 최선이겠지만, 만약 자신이 그런 상황에 놓였다면 대처 방안이 필요합니다.

첫 번째, 양다리 상태의 객관적 사실을 인식해야 합니다. 우선 상황 판단이 중요하다는 것은 두말할 나위가 없습니다. 구체적으로 이야기하자면 불륜도 양다리로 봐야 합니다. 자신이 부인이 되는지 혹은 유부남의 애인이 되는지에 따라 상황은 아주 많이 달라질 것입니다. 그리고 여자친구가 있는 상태의 남자와 양다리가 된 상황도 있을 수 있습니다.

처음부터 알고 시작한 관계도 있을 것이고 모르고 시작한 관계도 있을 것입니다. 그리고 정말로 다른 여자와 바람 피는 것인지 자신이 바람 피우는 상대인지도 정확히 인지해야겠지요. 대부분 이 부분도 정확히 알지 못하고 무턱대고 상대방 여자를 나쁘게만 치부하는 사람도 많습니다. '여자가 먼저 꼬리쳤을 거야'라고 말이죠. 그리고 다른 여자가 나 말고 한 명이냐, 두 명이냐, 여러 명이냐에 따라서도 다르겠지요.

이렇게 자신이 처한 상태의 객관적 사실을 인식을 하는 것이 중요합니다. 그렇다고 남자의 뒤를 일부러 캐서 알아내라는 이야기가 아닙니다. 드러난 상황을 통해 객관적으로 판단을 내리라는 이야기입니다.

두 번째는 누가 먼저 접근했느냐입니다. 일 대 일의 연애 관계에서도 중요한 부분이지만 양다리 관계에서라면 더욱 더 중요합니다. 보통 남자가 한 여자에게 정성을 기울이고 있다면 시간과 돈이 부족해서라도 다른 여자를 만나기가 힘들어집니다. 반대로 여자가 먼저 접근해서 시간과 돈을 쓴다면 양다리 상태로 만날 수 있겠지요.

가끔 보면 여자친구가 있는 남자에게 시간과 돈을 들이며 '사랑은 빼앗는 것'이라 주장하는 여자들이 있습니다. 하지만 만약 남자가 그 여자를 진심으로 좋아한다면 이미 여자친구를 버리고 새로운 여자에게 적극적으로 관심을 표현했을 것입니다. 그러니 여자 쪽에서 남자를 잡으려 한다는 것은 이미 남자가 여자에게 관심이 없는 상태라는 반증인 셈입니다. 결국 여자가 먼저 접근하지 않는다면 양다리 상황에 놓일 확률은 적어질 수밖에 없겠죠?

세 번째는 양다리라는 것을 안 순간에 정리하는 것입니다. 만약에 처음부터 알았다면 시작도 하지 말아야 합니다. 양다리라는 것을 알고 시작한다면 처음부터 화면이 깨진 텔레비전을 제 돈 주고 구입하는 것과 같습니다. 화면을 볼 때마다 짜증이 날 것이고 화면이 깨진 것을 알고도 구입한 자신을 탓할 수밖에 없습니다.

사귀는 중간에 원래 애인이 있었다거나 혹은 나와 사귀고 있는 중간에 다른 애인이 생긴 것을 알게 된다면 '내일 헤어져야지', '일주일 후에 헤어져야지', '한 달 후에 헤어져야지' 하면서 절대로 미루지 마세요. 사실을 안 순간에 눈 앞의 그 남자를 투명인간으로 생각하고 돌아서고, 남자가 눈앞에 없다면 그 이후로 연락을 완전히 끊으세요. 결심하기 힘들다면 연락처도 바꾸고 이사를 하거나 회사를 바꿔도 좋습니다. 평생 깨진 화면의 텔레비전을 갖기 싫다면 이 정도는 감수해야 합니다.

마지막으로 가장 중요한 것은 마음가짐입니다. 양다리 관계에 빠진 여자들은 상대방 여자를 자기들의 사랑에 대한 적으로 생각합니다. 그래서 그 여자만 없다면 남자가 나에게 올 것이라 철석같이 믿습니다. 남자가 나에게 소홀한 것은 지금 상대방 여자가 잡고 있기 때문에 혹은 그 여자가 피곤하게 해서라고 생각합니다. 나아가서는 그 상대방 여자가 절대로 헤어져 주지 않기 때문이라며 모든 것을 '상대방 여자' 탓으로 돌립니다.

　이것이 바로 가장 큰 착각입니다. 만약에 남자에게 여자친구가 있는 것을 알고 만났다면 당신은 이미 2인자입니다. 남자들은 2인자를 웬만하면 1인자로 만들지 않습니다. 1인자라면 처음부터 1인자입니다. 당신이 2인자로 시작한 이상 1인자인 여자가 없어지면 다른 1인자가 생겨날 것입니다. 아니면 남자는 상대방 여자와 헤어지고 당신과도 헤어질 수 있습니다. 상대방 여자 때문에 당신이 영향을 받는 일은 거의 없다고 보면 됩니다. 상대방 여자의 존재와 무관하게 남자는 원래부터 그만큼의 관심으로 당신에게 접근한 것입니다.

　당신의 적은 다른 여자가 아니라 '당신 자신'입니다. 처음부터 양다리 상태로 접근한 남자를 받아준 당신이 잘못이지 당신과 남자 사이의 지고 지순한 사랑을 방해하고 있는 '그 남자의 여자'가 문제는 아닙니다.

　상당히 많은 여자들이 양다리의 괴로운 상황에서 벗어나지 못하는 이유는 '그 여자와 헤어지면 나에게 기회가 온다'라는 잘못된 믿음을 갖고 있기 때문입니다. 처음부터 이미 완전히 당신 것이 아닌 남자는 앞으로도 그럴 확률이 아주 낮습니다. 희망 없는 상황에서 기다림이란 선택은 배제하는 것이 좋습니다.

　르누아르가 알린느를 선택한 데는 확실한 이유가 있습니다. 르누아르는 글자는 못 읽지만 집안 살림을 잘하는 여자를 원했습니다. 하지만 수잔은 자유연애주의자에 배운 것도 많은 똑똑한 여자였죠. 르누아르는 수잔에게 가치관이 다르다는 이유로 결별을 선언했다고 합니다. 르누아르의 이상형은 풍만한 몸매를 가진 시골 출신의 살림을 잘하는 알린느였던 것입니다.

르누아르의 선택을 이기적이라고 욕할 수 있을까요? 그는 자신의 마음에서 우러나오는 솔직한 선택을 했습니다. 수잔이 더 미인이고 또 나중에 화가가 될 만큼 재능도 갖고 있고 주변 남자들이 부러워할 만한 여자였지만 르누아르는 자신을 내조할 수 있는 아내를 선택했던 것입니다. 우리는 모두 자기 자신을 위한 선택을 할 권리가 있습니다. 양다리 관계에 빠져서 허우적대는 자신을 구할 선택권도 당신에게 있습니다.

기다림에 익숙해지는 사람은 없다.
다만 기다림의 결과가
나를 위한 것이라는 기대 때문에
조금씩 기다림을 연장할 수 있을 뿐이다.

요하네스 얀 베르메르, 「편지를 읽는 푸른 옷의 여인」

조바심 내지 마라
기다리지 않으면 이긴다

푸른 옷을 입은 여인이 일어서서 편지를 읽고 있네요. 기다리고 기다리던 편지를 받아서 급하게 보고 있는 것이겠지요? 우리도 집에 돌아와 우편함을 열었을 때 기다리던 편지가 있으면 그 자리에서 바로 뜯어보지요.

그런 기다림을 베르메르 Jan Vermeer 는 정적이면서도 간절하게 잘 그려내고 있습니다. 이 여자에 대해서는 여러 가지 추측이 있지만 옷차림으로 보면 하녀라는 설이 가장 유력합니다.

베르메르의 이야기는 〈진주 귀고리를 한 소녀〉라는 영화로 만들어지기도 했습니다. 철저한 고증을 바탕으로 만들어졌다고 하는데요. 영화에서 베르메르와 모델이 된 하녀와의 관계는 명확하게 그려지지 않습니다. '신분 차이가 나는 사이에서 서로 호감이 있었다'는 정도로만 나오고 있습니다.

나중에 베르메르가 그 하녀에게 진주 귀고리를 보내주는데요. 저는 그

장면을 보면서 과연 이게 '애정의 표현일까, 모델에 대한 보수일까?'라는 생각을 잠시 해봤습니다. 화가와 하녀의 사랑이라는 로맨틱한 측면보다는 그 당시 화가의 생활을 염두에 두고 본다면 모델에게 어떤 사례를 했을까를 생각해봅시다. 그리고 자발적으로 화가의 모델이 되는 여자가 얼마나 있었을까요? 그렇다면 진주 귀고리를 보내는 베르메르의 행동은 '애정의 표현'이라기보단 '모델에 대한 보수'가 아니었을지 추측해봅니다. 어차피 원래 진주 귀고리의 주인이었던 베르메르의 부인은 하녀가 착용했던 귀고리를 쓰기 꺼려했을 수 있고, 진주는 고가의 물품일 테니 모델이 되어준 하녀에게 적당한 예의가 되지 않았을까요? 남녀 관계를 무조건 다 애정으로 해석하기보다는 한걸음 물러나서 다른 시각으로 보는 것도 필요하니까요.

다시 편지를 읽는 여인으로 돌아가서 그림의 주인공처럼 기다리던 연락을 기쁘게 받을 수 있는 현명한 방법은 무엇일까요?

연락에 대한 다른 시각에서 살펴보면 대답은 간단합니다. 연락에 집착하지 않으면 됩니다. 연락에 집착하고 싶지 않은데 잘 안 된다고요? 우선 남자에게 먼저 연락을 하지 않아야 합니다. 연락을 하고 나면 그 다음부터 기다리게 되고 그 기다림은 1분이 1년처럼 길게 느껴집니다.

제가 대학교 시절 연애를 할 때는 연락수단이라고는 집전화가 유일했습니다. 그때 여자들은 연락 때문에 스트레스를 받는 일이 거의 없었습니다. 왠지 여자로서 남자 집에 전화를 걸면 안 될 것 같은 암묵적 분위기가 있었죠. 전화는 당연히 남자가 거는 것이고, 여자는 오로지 전화를 받는 일에만 집중했습니다. 왜냐면 집전화이기 때문에 다른 사람이 전화를 받을 경우가 많았기 때문입니다.

그때는 전화를 걸면 "여보세요? 저 OO의 친구 OOO라고 합니다. OO는 집에 있나요?"라고 해야만 통화가 가능했습니다. 애인이라고 하더라도 이렇게 아무렇지 않게 선배 혹은 친구라고 소속을 제대로 밝혀야 했습니다. 부모님이 먼저 전화를 받았을 경우, 태도가 맘에 안 든다거나 관계를 명확히 밝히지 않는 사람이라면 버젓이 옆에 있는 딸을 부재중으로 만들기도 했으니까요. 그래서 그때 친구들과 공감을 하며 "화장실도 못 가고 전화 기다려본 적 있어?"라는 이야기를 나눴을 정도입니다.

화장실을 못 가면서 전화를 기다리는 게 가장 힘들었던 기억일 뿐입니다. 전화를 했는데 남자친구가 안 받아서 마음이 상한 적은 없었습니다. 내가 전화할 일이 거의 없었기 때문입니다.

연락에 대한 여자들의 집착은 삐삐가 나오고 부터 슬슬 시작된 것 같습니다. 삐삐를 쳐서 남자친구가 전화를 하면 내가 직접 받을 수 있었기에 연인에게 삐삐는 가히 혁명적 통신수단이었습니다. 그리고 그때부터 삐삐를 치고 연락을 기다리는 여자의 고통이 시작되었습니다. 남자 삐삐의 비밀번호를 알아내 음성사서함을 몰래 듣다가 다른 여자 목소리를 발견하는 사건도 발생하기 시작했습니다.

그러다 핸드폰으로 넘어오면서 여자들의 고통은 더욱 커졌습니다. 그 이유는 버튼 하나만 누르면 언제 어디서나 남자에게 전화를 걸 수 있는 환경이 되었기 때문입니다. 문제는 전화를 걸고 나서 연락이 없는 남자를 기다리게 된다는 데 있습니다. 그냥 연락이 안 오는 상태에서 기다리는 것은 그다지 고통스럽지 않습니다. 진짜 고통스러운 기다림은 내가 연락했는데 연락이 안 오는 경우입니다.

그래서 먼저 연락하지 않는 것은 연락에 대한 집착을 없애줄 수 있는 하나의 방법입니다. 내가 시작한 연락에 내가 집착하기 마련입니다. 이 집착의 고리를 끊어야 합니다. 기다리는 연락을 받는 가장 쉬운 방법은 '기다리지 않는 것' 입니다.

어렸을 때 다들 이런 경험 있을 겁니다. 소풍날은 다음 주인데도 좀처럼 오지 않고, 크리스마스는 다음 달인데도 빨리 오지 않고, 방학은 내일인데도 멀게만 느껴졌습니다. 왜 그랬을까요?

기다리기 때문입니다. 기다림에는 어떤 시간도 길게 만들어버리는 마법이 있습니다. 기다림을 짧게 만드는 방법은 기다리지 않는 것입니다. 기다리지 않아도 소풍날은 올 것이며, 크리스마스도, 방학도 옵니다.

남자는 사랑을 표현하기 위해
말이 아니라 행동을 한다.
남자가 여자에게 꽃을 선물하는 것은
가장 오래되고 보편적인 방식이지만
사랑을 고백하는 가장 확실한 방법이다.

마르크 샤갈, 「생일」

남자의 말이 아니라
행동과 사랑에 빠져야 한다

마르크 샤갈(Marc Chagall)은 '사랑의 화가'로 불릴 정도로 부인을 사랑하고 가정에 충실했던 화가로 유명합니다. 이 그림은 그의 부인 벨라와의 결혼을 열흘 정도 앞두고 그녀의 생일에 그려졌습니다. 그림만 봐도 벨라를 향한 샤갈의 마음을 알 수 있지요.

남자는 여자가 있는 곳으로 와서 꽃을 선물하고 있습니다. 하늘에 붕 뜬 기분이 문자 그대로 표현되어 발이 땅에 닿아 있지 않습니다. 하지만 배경들은 상당히 구체적입니다. 소파의 꽃 그림이며 테이블의 모양도 세심하게 그려져 있습니다. 보통 남녀를 그릴 때 배경을 생략하는 경우도 많은데 이렇게 소품과 배경까지 구체적으로 그린 것으로 보아 샤갈의 사랑이 현실에 단단히 뿌리를 둔 모습임을 알 수 있습니다.

샤갈은 부유한 벨라 집안의 반대를 무릅쓰고 결혼을 했고 9개월 동안 반대에 부딪쳤으나 자녀가 태어난 후에 결국 부모님의 승낙을 얻어냅니다. 사랑을 행동으로 보여준 샤갈의 노력은 이것뿐만이 아니었습니다. 벨라와 결혼하기 위해서 프랑스에서 그녀가 있는 러시아로 돌아갔으며 마침 그때 제1차 세계대전이 일어나 7년 동안 다시 프랑스로 못 갔지만 벨라와의 결혼 생활에 아주 만족했다고 합니다.

우리는 흔히 말합니다. 결혼은 현실적이고 구체적이어야 한다고. 그럼에도 불구하고 왜 여자들은 남자들의 달콤한 속삭임에 마음을 뺏겨 버리는 것일까요? 그것은 남자의 '행동'보다 '말'을 먼저 믿어 버리고 남자의 '말'에 기대를 걸거나 희망을 갖기 때문일 것입니다.

"그 남자는 날 만나면 친절하게 말도 잘하고, 칭찬도 해주고 밥도 사주는데 도무지 그 남자 마음을 모르겠어."
"만날 때는 재미있는데 왜 평소에 연락이 드문 건지 모르겠어."

여자들은 종종 이렇게 남자의 마음을 모르겠다며 알고 싶다고 외치고 있습니다. 이미 남자는 표현할 것은 다 하고 있는데 도대체 여자들은 무엇을 알고 싶은 것일까요?

아마도 겉으로 드러나는 의식이 아니라 속에 잠재된 무의식을 알고 싶다는 이야기일 것입니다. 프로이트가 처음 '무의식'이란 말을 사용한 이후로 이 획기적인 단어는 큰 반향을 일으키며 유행어처럼 전 세계에 퍼져나갔습니다. 프로이트가 말한 무의식은 성적인 의미로 부각된 측면이 있어서 무의식에 대한 부정적 선입견을 형성하는 데 일조했습니다. 그러나 융은 의식을 보완하는 역할로서 무의식을 정의했습니다. 의식이 지쳐 있을 때 무의식은 의식의 영역을 보완해준다고 생각했습니다. 프로이트나 융이 주장한 무의식이 인간의 감정이나 욕망 등 설명하기 힘들었던 많은 부분을 이해하는 데 훌륭한 역할을 한 것이 사실입니다. 그러나 무의식이 연애에도 좋은 역할만 한 것 같지는 않습니다. 특히 여자들에게는 불필요한 추측을 하게 만들었으니까요.

"그 남자가 구체적으로 말은 안 해도 무의식적으로는 날 좋아하고 있을 거야."

무의식이란 것은 말대로 무의식입니다. 스스로도 모를 뿐더러 남도 모르는 것입니다. 그러니 무의식을 알겠다는 시도 자체가 모순적입니다. 우리는 다만 의식적인 영역에서 무의식을 유추할 수 있을 뿐입니다. 이럴 때 통찰력이 필요한 것이지요. 우리가 가장 쉽게 접할 수 있는 의식적인 부분은 '말'입니다. 자신이 가진 의도를 가장 쉽게 전달할 수 있는 수단이니까요.
"난 네가 좋아" "넌 참 예뻐" "네가 보고 싶어" 이런 말은 의식 상태에서 하는 것입니다. 스스로 그렇게 인식하고 있으니까 그런 말도 할 수 있는 것입니다. 그렇다면 과연 무의식은 우리가 어떻게 알 수 있을까요?

무의식은 어떤 계기를 통해 외부로 표출될 수 있습니다. 아마도 그것이 남자의 '행동'일 것입니다. 그래서 남자의 행동을 보라는 것입니다. 아주 단순하게 사랑한다는 말은 하면서 '만나러 오지 않는 남자'가 있고, 사랑한다는 말은 안 하지만 내 생일에 꽃을 사 들고 '찾아오는 남자'가 있다면 어떤 남자가 더 나를 사랑하는 것일까요?

어쩌면 우리는 이렇게 간단한 답을 두고 온갖 추측과 기대감으로 잘못된 선택을 하고 있었는지 모릅니다. 나를 만나러 오지 않는 남자의 말만 믿고 '나를 사랑한다'라고 착각하고 있지는 않은가요? 남자의 말이 거짓말이라는 의미가 아닙니다. 남자도 여자를 사랑한다고 생각할테지만 아주 깊은 무의식까지 진심으로 여자를 사랑하는 것은 아닐지도 모르겠습니다. 그러니 굳이 남자의 알 수 없는 마음을 알아보겠노라며 애쓰지 말고, 조용히 남자의 행동만 살펴보세요.

남자의 말만 믿고 기다리다 망부석이 되기보다는 남자의 행동을 보고 천천히 결정해도 후회하지 않습니다. 말하지 못한 남자의 사랑은 행동으로 나타날 것입니다. 물론 섹스 파트너로만 생각해도 남자는 사랑한다고 말할 수 있습니다. 여기서 말하는 남자의 행동이란 스킨십이 아니라 실제로 여자를 위한 행동을 말합니다. 여자를 만나러 오고 집에 데려다주고 여자의 생일에 이벤트를 준비하고 여자에게 고백을 하고 프러포즈를 준비하는 구체적인 행동을 말합니다.

많은 여자들이 남자와 사귀기도 전부터 남자의 마음이 어떤지에 대해

고민합니다. 어떻게 보면 아무 관계도 아닌 남자에 대해서 고민하는 것과 같지요. 남자의 마음은 추측으로 고민하지 말고 남자가 실제로 고백을 한 후에 고민해도 늦지 않으며 결혼의 가능성은 프러포즈를 받은 후에 고민해도 늦지 않습니다. 그제서야 '말이 없어서 당신의 마음을 몰랐다' 라고 해도 전혀 어색하지 않습니다.

사랑의 화가 샤갈은 벨라가 먼저 세상을 떠난 후 잠시 동안 그림을 접을 정도로 마음의 충격을 받았다고 합니다. 그러나 샤갈은 8년 후 유대계 러시아인 발렌티나 브로드스키를 만나 사랑에 빠져 재혼을 합니다. 이때 샤갈은 62세였습니다.

사랑하는 부인의 죽음 후 평생을 혼자 살았던 살바도르 달리도 있지만 다시 사랑을 선택한 샤갈도 있습니다. 그리고 샤갈은 또다시 충실한 사랑을 하며 발렌티나와의 사랑을 그림으로 표현합니다. 샤갈의 그림을 보면 벨라와 살던 시기의 그림보다 발렌티나와 살던 시기에 그린 그림의 색깔이 더 화사합니다. 그림만으로 추측해보자면 두 번째 결혼에서 더 행복하고 안정감을 느낀 것은 아닌가 싶습니다.

일생 동안 진실한 사랑은 한 번뿐이라는 말은 어쩌면 현실과는 거리가 먼 이야기일지도 모르겠습니다. 사랑하는 부인을 떠나 보내고 또다시 사랑에 빠져 재혼을 한 샤갈이 전부인 벨라를 진정으로 사랑하지 않았다고는 할 수 없습니다. 자신에게 주어진 환경에서 최선을 다해 사랑하는 것, 그것이 현실적인 사랑의 모습입니다.

    그림에서처럼 남자가 꽃을 들고 올 때까지, 그리고 말이 아닌 행동으로 사랑을 보일 때까지 사랑을 확신하지 마세요. 남자의 말이 아닌 행동을 보고 판단할 때, 우리는 진정 나를 위한 선택을 할 수 있습니다.

시간은 우리에게 지혜를 선물하지만
과거에 이루지 못한 것을 저절로 이루게 하지는 않는다.
여자가 나이를 먹으면 현명해지는 것은 사실이지만
그만큼 연애의 대상에서 제외되는 것도 현실이다.

살바도르 달리, 「기억의 고집」

늦게 결혼하는 게 좋다는 말은
새빨간 거짓말이다

달리Salvador Dali의 작품 속에서 시계가 녹아 흘러내리고 있습니다. 그동안 시간은 흘러가는 줄로만 알았는데 이 그림을 보니 시간은 녹아서 흔적도 없이 사라지고 있는지도 모른다는 생각이 듭니다. 시계 속에는 12시간만 존재합니다. 시계 바늘이 두 바퀴 돌아 하루가 지나면 그만큼 앞으로 가는 것이 아니라 제자리로 돌아오는 것입니다. 그런데도 우리는 제자리로 돌아온 시침과 분침을 보면서 시간이 흘렀다고 말합니다.

달리는 자신이 좋아하는 '까망베르 치즈'에서 힌트를 얻어 이런 시간 개념을 살짝 비틀었습니다. 시계가 녹아 흘러내리며 사라지는 모습을 표현했습니다. 달리의 그림처럼 이렇게 시계가 점점 녹아 흘러서 진짜 시계가 없어진다면 어떨까요?

연애에서도 시간과 관계되는 말들이 있습니다. 더 나이 들기 전에 빨리 결혼해야 한다는 말도 흔하지만 이런 말도 있습니다.

"어디 가서 보니까…… 넌 늦게 결혼 해야 좋대!"

직접 점을 보러 가지 않아도 주변 사람들이 보고 와서 알려 주기도 하는데요. 특히 어머니가 해주는 말씀이지요. 꼭 '어디 가서 보니까……'로 시작합니다. 그 어디가 어디인지 모르지만 점집이란 것은 다 알지요. 이 말은 꼭 무슨 마약처럼 들을 때마다 위안이 됩니다. 그리고 그 말을 마음에 새기기도 합니다. 어머니가 봐주는 경우도 있지만 직접 점을 보러 가서 듣고 오기도 합니다. 결혼은 늦게 하는 게 좋다는 말을 들은 순간 '지금 현재 미혼인 나'의 상태가 다 이해가 됩니다. '늦게 결혼해서 좋으려고 아직 미혼이구나'라고 말이죠. 이 말의 힘은 위대합니다. 그동안 조급했던 마음도 여유로워지고 미래에 왕자님을 만날 것 같은 기대감도 생기게 하니까요. 그러나 막상 이런 이야기를 들은 당신이 마흔 살이라면?

아, 본인보다는 남으로 예를 드는 게 더 이해하기 쉬울 것 같습니다. 주변의 마흔 살 먹은 노처녀가 "나 점 보니까 늦게 결혼하는 게 좋대. 늦게 좋은 남자 만날 거래!"라고 말한다면? "역시!"라고 하면서 주변에서 늦게 시집 간 사람들의 사례까지 들어가며 맞장구를 쳐줄 것입니다. 그러나 진성 당신의 속마음은 어떨까요? '마흔이 늦지 않았다면 과연 언제가 늦은 건가'하는 의문이 들지 않나요?

나이라는 조건만으로 볼 때 객관적으로 어린 나이에 결혼하는 게 좋습니다. 그리고 남자들은 젊은 여자를 좋아합니다. 여자는 남자의 나이보다 아이를 낳아 양육하기에 적합한 능력을 더 중요하게 평가하고 남자는 여자의 외모와 나이를 평가합니다. 가장 후손을 남기기 좋은 상대를 고르는 것이겠지요. 이것은 일종의 본능입니다.

그런데 '나이 들어서 결혼하는 게 좋다' 라는 말은 도대체 왜 이렇게 많은 사람들에게 마음의 위로를 주는 것일까요? 바로 예외성 때문입니다. 남들은 보통 젊고 예쁠 때 결혼하는 게 좋지만 '나만은 늦게 하는 좋아' 라는 것이지요. 남들은 지금 남자가 없으면 결혼을 못 할지도 모르지만 '나만은, 지금은 남자가 없지만 앞으로 좋은 남자를 만날 거야.' 남들은 아등바등 노력해서 남자를 만나고 있지만 '나만은, 인연이 나타날 거야.' 이렇게 자신은 남과 다를 것이라 생각하며 위안을 삼습니다.

현실을 애써 외면하는 위로에 현혹되지 마세요. 적당한 나이에 만날 수 있는 최고의 남자를 만나서 결혼하는 게 제일 좋습니다. 이런 결혼을 하는 사람들이 적게 봐도 절반 이상에 해당할 것입니다. 너무 흔한 경우니 회자되지 않을 뿐입니다. 그리고 예외의 경우만 줄곧 회자되면서 늦게 결혼해서 잘된 예와 점쟁이 혹은 다른 사람들이 해준 말까지 합세해 시너지 효과를 내는 것이지요.

'늦게 결혼해야 좋다' 는 말이 아예 틀린 말이라고 생각하지는 않습니다. 일리는 있습니다. 나이도 있고 인간관계에 대한 경험이 있으니 더 잘할 것이라는 예상이지요. 그러나 우리는 와인이 아닙니다. 나이 들수록 그 값어치를 인정받아 가격이 올라가는 일은 없을 것입니다.

시간이 녹아서 없어지기 전에 좋은 남자를 만나기 위해서 노력하세요. 시간은 우리를 기다려주지 않습니다. 더 이상 선택을 미루지 마세요. 결혼은 늦게 하는 게 좋은 게 아니라 좋은 남자와 하는 결혼이 좋은 것입니다.

살바도르 달리는 열 살이나 연상이었고 친구인 시인 폴 엘뤼아르의 부인이었던 갈라와 결혼했습니다. 주위에서는 미친 사랑이라고 비난했지만 그들은 40년이 넘는 시간 동안 같이 살았습니다. 무명의 화가였던 달리의 예술적 영감을 뒤흔들며 창작을 이끌어준 갈라는 달리의 인생을 이야기할 때 빼놓을 수 없는 사람입니다. 인생의 소중한 동반자였던 갈라가 죽은 후에 달리는 '인생의 방향을 잃어버렸다'며 포볼성에 칩거하며 다음해를 마지막으로 더 이상 그림을 그리지 않았다고 합니다.

'연애의 끝은 무엇인가?'
라는 질문에 대한 답은 간단하다.
이별과 결혼, 둘 중에 하나다.
연애가 결혼으로 이어질 가능성을 생각하고
연애 때부터 주의 깊은 관찰이 필요하다.

에드바르 뭉크, 「생명의 춤」

연애의 미래는
이루어지지 않은 결혼이다

뭉크Edvard Munch는 한 그림에 과거의 여인과 현재의 여인을 동시에 그려 넣었습니다. 가운데서 춤추는 여자가 뭉크의 첫사랑 헤이베르그(과거)이고 왼쪽의 흰 옷을 입은 여자는 튤라 라르슨이라는 현재의 애인입니다. 그리고 오른쪽의 검은 옷도 역시 튤라 라르슨이고 미래라고 합니다. 뭉크가 즐겁게 춤을 추는 것은 과거뿐이고, 튤라 라르슨은 현재도 미래도 혼자입니다. 연애에 있어서 과연 미래는 무엇일까요?

'미래를 대비해라.' '현재를 즐겨라.' 이 두 가지 독립적이면서도 상호 모순적인 말이 합쳐지면 굉장히 여러 가지 뜻이 생겨납니다.

'현재가 즐거우면 미래를 대비하지 못한다.' '현재의 고통을 참으면 좋은 미래가 온다.' 우리는 언제부터 현재를 즐기면 미래를 대비하지 못할 거라 생각하게 되었을까요? 무슨 이유 때문일까요? 혹은 그와 반대로 연애에서는 유독 현재를 즐기라는 말이 유일한 정답처럼 여겨지기도 합니다.

"이 남자랑 어떻게 될까?"라고 묻는 친구에게 십중팔구는 "지금 좋으면 됐잖아. 현재를 즐겨. 그러다 보면 답이 나오지 않을까?"라고 충고를 해줍니다. 아니면 또 다른 충고도 있지요. "지금 이렇게 노력하면 나중에 남자가 변하지 않을까?" 이러면서 주변에 개과천선한 남자들의 예가 등장하기도 합니다.

이런 조언들 속에는 현재와 미래가 마구 뒤엉켜 있습니다. 그러나 한 가지 확실한 사실은 지금의 연애가 미래를 가져온다는 점입니다. 다만 어떤 미래를 가져오느냐의 차이인 것이지요.

우리는 현재의 연애에 대해서 헤어질 것인가, 안 헤어질 것인가에 너무 집중합니다. 이것이 왜 문제냐고요? '이별이냐, 아니냐'에 너무 집중한 나머지 연애의 미래가 결혼이란 것을 깨닫지 못하기 때문입니다. 당연히 '안 헤어지는 것=결혼'이라고 생각해서 결혼 후의 삶에 대해서는 별 생각이 없습니다.

예를 들어 사귀는 남자와 헤어지기 싫어서 남자가 여자에게 별로 애정표현도 없고 데이트에도 열심이지 않은데 여자가 애정표현을 하고 데이트도 주도하면서 헤어지지 않고 결혼을 했다고 합시다. 결혼했다고 해서 남편이 획기적으로 바뀌지는 않습니다. 이미 연애 시절에 여자가 다 주도하고 알아서 했다면 남편은 이미 거기에 길들여져 있고 연애 시절과 별다를 것 없는 결혼 생활이 기다리고 있을 것입니다.

당신이 남자와 헤어지기 싫어서, 이별이 싫어서 했던 행동들이 지금 당장 남자를 잡아두는 데 효과를 발휘할 수도 있습니다. 그러나 그것은 당신의 미래이기도 합니다. 어쩌면 당신은 평생 지금 하고 있는 것과 같은 방법으로 남자의 마음을 잡아두려고 노력해야 할지 모릅니다.

사람들은 흔히 '연애의 끝이 꼭 결혼이어야 하느냐?' 라는 의문을 제기합니다. 그렇다면 오히려 그런 사람들에게 묻고 싶습니다. 연애의 끝이 결혼이 아니라면 무엇인가요?

물론 연애가 결혼으로 이어지지 않고 헤어질 수 있습니다. 그래서 연애의 미래는 '이루어지지 않은 결혼' 이라고 볼 수 있습니다. 헤어짐으로 끝난 연애에는 이루어지지 않은 결혼이란 미래가 숨어 있었을 뿐입니다.

연애의 미래는 결혼입니다. 그리고 현재 연애하는 둘의 모습이 그대로 결혼 생활로 이어지는 것입니다. 흔히들 결혼하면서 변했다고 하는데 단지 결혼 전에 보이지 않았던 부분, 애써 외면했던 부분들이 보이게 되는 것뿐입니다. 왜냐하면 연애의 미래는 이루어지지 않은 결혼이니까요.

뭉크는 첫사랑의 헤이베르그에게서 상처를 많이 받습니다. 자유연애주의자였던 그녀는 뭉크를 두고 다른 남자를 만나곤 했으니까요. 그런데 툴라 라르슨은 정반대였던 것 같습니다. 뭉크에게 결혼을 요구하고 뭉크가 거절하자 병원에 입원한 척 속여서 뭉크가 병문안을 오게 만들었습니다. 그녀는 권총을 들고 결혼 안 하면 자살하겠다는 협박을 했고 뭉크는 이를 말리다가

권총 오발로 왼쪽 손가락을 다칩니다.

지금 당신과 결혼할 생각이 없는 남자는 앞으로도 그럴 가능성이 없다고 봐야 합니다. 결혼 생각이 없는 남자를 어르고 달래서, 혹은 협박해서 억지로 끌고 가봐야 결론은 뻔합니다. 기다림을 포기하는 게 나을 수도 있습니다. 어쩌면 결혼(미래)으로 이어지는 것이 아니라 평생 치유할 수 없는 아픈 상처(결혼하지 않은 미래)만 남는 결과가 기다리고 있을지도 모르니까요.

남자의 친절과 관심은 구별하기가 어렵다고 한다.
그러나 구별하기 어려운 관심은 이미
친절에 지나지 않는다.
남자의 관심은 어린아이라도
알 수 있을 정도로 명확하다.

다케히사 유메지, 「구로후네야」

짝사랑이란,
남자의 친절에 대한 착각일 뿐이다

한국에 신윤복의 「미인도」가 있다면 일본에는 '유메지식 미인' 이라는 말이 있습니다. 주로 모델이 된 여자는 다케히사 유메지(竹久夢二)의 첫 번째 부인인 타마키로 갸름한 얼굴에 가냘프고 길고 날씬한 몸매의 소유자였습니다. 그러나 유메지식 미인의 특징은 모델 그 자체에 있는 것이 아니라 자세에 있습니다. 유메지는 모델들에게 여러 자세를 취하게 하면서 아름답게 그릴 수 있도록 연구했다고 합니다. 그의 모델들은 우수에 찬 표정으로 '기다려도 기다려도 오지 않는 님을 기다리는 마음'을 잘 드러내고 있습니다.

여인이 검은 고양이를 안고 있는 그림 「구로후네야(黒船屋)」는 다케히사 유메지의 대표작입니다. 모델은 세 번째 애인인 오요지만 첫 번째 애인이며 유일하게 다케히사가 결혼을 한 상대인 타마키를 떠올리게 합니다. 하지만 모델이 오요이기 때문일까요? 짝사랑하는 남자를 기다리는 처연한 마음이 얼굴 표정부터 고양이를 안고 있는 손끝까지 배어 있는 것 같습니다.

짝사랑이란 어떤 의미일까요? 어떤 사람은 어차피 연애란 짝사랑이라고 말하기도 합니다. 서로 사랑한다고 하지만 그 감정이 100퍼센트 일치할 수는 없으니까요. 각자의 사랑을 갖고 만나기 때문에 어차피 연애란 짝사랑일 수밖에 없다는 말일 것입니다.

그렇지만 짝사랑의 현실적인 정의는 명확히 있지요. 상대방은 나를 좋아하지 않는데 나 혼자 일방적으로 좋아하는 상태. 그러나 우리는 짝사랑을 하면서도 상대방이 나에게 완전히 관심이 없다고는 생각하지 않습니다. 나를 보고 웃어주고 나에게 말을 걸어주면 그래도 약간의 관심은 있다고 믿으면서 짝사랑을 계속하게 됩니다. 그것은 아마도 상대방의 친절과 관심을 구별하지 못해서 생기는 착각일지도 모르겠습니다.

'날 보고 웃어줬는데 이것은 친절일까, 관심일까?'
'나에게 전화가 왔는데 형식상일까, 관심이 있는 걸까?'
'나보고 밥 먹자고 하던데 그냥 저녁인 걸까, 데이트인 걸까?'
'나보고 예쁘다고 칭찬하던데 사귈 맘이 있는 게 아닐까?'

어쩌다 한번 만나는 사람이 아니라 수도 매일 얼굴 보는 식상, 혹은 정기적으로 만나는 동호회 혹은 동문회 등에서 짝사랑을 하게 됩니다. 정기적으로 만날 수 있고 같은 공간에 있는 것만으로 같은 시간을 보내는 것 같은 착각도 들면서 가끔 보이는 남자의 반응을 마주할 때마다 친절인지 관심인지 헷갈리게 됩니다.

여기서 잠깐 '친절'과 '관심'의 의미를 정리하고 넘어가야겠습니다. 친절이란 말 그대로 대하는 태도가 부드럽고 어쩌면 나뿐만 아니라 모든 사람에게 그럴 수도 있는 태도입니다. 그러나 국어사전의 정의에 따르면 관심은 '어떤 것에 마음에 끌려 주의를 기울임'이라고 나와 있습니다. 나에게 마음이 끌려 있는 상태지요. 그렇다면 나에게 관심 있는 남자는 어떻게 구별할까요? 어떻게 하면 나 혼자만의 짝사랑에 빠지지 않을까요?

우선 첫 번째, 눈이 마주치는 것은 무시하세요. 눈이 마주쳤을 때 '사랑에 빠진다' 혹은 '저 남자는 나에게 관심이 있다'라고 믿어버리는 여자들이 있습니다. 그래서 아무런 대화를 하지 않고도 눈 한번 마주친 것만으로 자신은 사랑에 빠졌다고 호들갑을 떠는 여자들도 있습니다. 더 이상 '눈이 마주쳤는데 웃어주더라'로 시작해서 그 남자가 나에게 관심 있고 언젠가 밥을 같이 먹자고 할 것이고 그럴 때 나는 어떻게 대답해야 할까 고민하며 앞서 나가는 소설 쓰기는 그만둡시다.

눈이 마주치는 일은 정말로 별일이 아닙니다. 그리고 눈이 마주치면 억지로라도 웃어주는 게 기본 예의입니다. 직장인이라면 회사 사장부터 경비원까지 당신을 보고 웃어줄 수 있는데 그런 우연으로 그 남자가 나에게 관심이 있는 것은 아닌지 고민하지 맙시다. 학생이라면 가끔 가까운 자리에 앉는 남학생이나 학생회장 남학생이 나와 눈이 마주쳐 웃어줬다며 숨 넘어갈 듯 기뻐하며 짝사랑에 빠지지 않도록 합시다.

눈빛만으로 짝사랑에 빠지지 않았다면 다음 관문이 기다리고 있습니다. 남자의 친절한 말 때문에 짝사랑에 빠지지 않는 것입니다.

"다음에 식사 한번 하죠."
"언제 차라도 한잔 해요."

이런 말은 그저 미소 지으며 "네"라고 대답하면 됩니다. 이 말은 대화를 마무리하려는 의도일 뿐입니다. 여기서 포인트는 '다음에'에 있습니다. 여기서 말하는 다음이란 '언제가 될 지 모르지만(이 세상의 모든 관심의 대상인 여자가 사라져서 어쩔 수 없을 때)'이라고도 할 수 있습니다. 그러므로 '다음에'라는 말이 나오면 '아, 다음에 만날 맘이 없구나'라고 이해하면 됩니다.

그래도 의아하시죠? 정말 그때 시간이 없어서 '다음에'라고 할 수도 있지 않냐고요? 물론 그럴 수 있지요. 그렇다면 여기서 포인트는 '시간이 없어서'입니다. 시간은 누구에게나 공평하게 존재합니다. 정확히 말하자면 '당신을 만날 시간이 없어서'라는 거죠.

"다음에 식사 한번 하죠."
"다음에 다시 만나죠."
"다음에 연락 드릴게요."

"다음에 꼭 만나요."

"다음에 영화 보러 가요."

"다음에 제가 모시러 갈게요."

"다음에 따뜻한 곳에서 만나요."

그러니 이 모든 말의 '다음에'는 다음이 없다고 생각하세요. 여기서 "다음에 식사해요"라는 말을 듣고 "언제요?"라고 되묻는 실수는 하지 않기를 바랍니다.

그 외의 행동에도 착각하지 않아야 합니다. 지나가다가 무거운 짐을 들어줬다고, 전철에서 빤히 날 쳐다봤다고, 넘어졌는데 일으켜줬다고, 매일 같은 버스를 타고 출근한다고, 같은 회사 사람인데 유독 내 메일에만 빨리 대답한다고, 심지어 두 번 이상 다음에 식사를 하자고 했다고 짝사랑에 빠져서 기다리지 않기를 바랍니다.

짝사랑의 상대를 연애의 대상에 넣는 것은 잘못된 선택입니다. 그것은 자신이 좋아하는 연예인을 연애 대상에 넣는 것과 같은 일입니다. 짝사랑이란 결국 당신의 시간과 정열만 빼앗아가고 후회와 슬픔만 남기게 될 것입니다.

다케히사 유메지에겐 세 명의 여자가 있었습니다. 타마키라는 여자와는 유일하게 결혼을 했으나 이혼과 재결합을 반복합니다. 그리고 두 번째 연인이었던 히코노는 미술학교 학생이자 유메지의 팬이었으며, 세 번째 연인 오요는 유메지의 모델이었다가 같이 살게 됩니다. 어쩌면 타마키를 제외한 두 명의 여자는 다케히사 유메지를 동경하고 짝사랑하는 마음을 품고 있었던 관계인 셈입니다. 그 마음을 읽어낸 유메지가 남자를 기다리며 우수에 찬 유메지식 미인의 원형을 만들게 된 것은 아닐까요.

정조는 결혼 후에 지키는 것이다.
결혼 생각이 없는 남자를 만나면서
이미 결혼한 것처럼 얽매일 필요는 없다.
프러포즈를 받을 때까지
중복 데이트는 필요하다.

프란츠 폰 슈투크, 「여자를 둘러싼 싸움」

프러포즈를 받을 때까지는
중복 데이트가 필요하다

프란츠 폰 슈투크 Franz von Stuck 는 독일의 상징주의 예술의 대표 화가로 「죄」나 「살로메」라는 작품으로 유명합니다. 특히 슈투크는 여자를 팜므파탈의 이미지로 그려서 유명한데요. 팜므파탈의 이미지는 성서에 등장하는 릴리스에서 가져왔다고 합니다. 릴리스는 아담을 흙으로 만든 후에 이브보다 먼저 만들어진 존재인데 아담과 자신은 동등하다며 복종할 것을 거부하고 도망을 갑니다. 성경과 신화를 우화적으로 많이 그린 슈투크는 뱀이 몸을 감고 있는 릴리스를 그리기도 했습니다.

「여자를 둘러싼 싸움」이란 작품은 성서나 신화가 아닌 니체의 사상에서 영감을 얻었다고 합니다. 그림에서 여자는 싸우는 남자들을 미소 지으며 지켜보고 있습니다. 남자들은 서로의 경쟁자에게 금방이라도 달려들 기세입니다.

한 여자를 차지하기 위해 남자들이 벌이는 결투를 우리는 영화나 드라마에서 종종 볼 수 있습니다. 서부극에서도 인디언이 여자를 납치해가면 남자 주인공은 여자를 구하기 위해 목숨을 걸고 싸우러 가지만 인디언도 여자를 쉽게 놓아주지 않습니다. 여자를 차지하기 위해 목숨을 걸고 싸우는 일은 시대를 막론하고 드문 일이 아닙니다.

현대에서는 이 싸움이 조금 덜 노골적으로 진행되고 있을 뿐입니다. 예전과 달리 여자들의 연애가 자유로워지면서 결혼 전까지 여자들은 얼마든지 남자를 만날 수 있습니다. 물론 남자도 많은 이성을 만날 수 있는 기회를 갖게 되었습니다. 그럼에도 불구하고 누구에게나 동등한 기회가 주어지지 않습니다. 인기 많은 여자가 있는 반면에 인기가 없는 여자도 있습니다.

그러나 이런 사실을 떠나서 우선 여자들이 많은 남자를 만나기를 두려워하는 경향이 있습니다. 세상이 바뀌어 많은 남자를 만날 수 있는 환경이 되었음에도 불구하고 '여자는 한 남자만을 섬겨야 한다'는 생각에서 벗어나지 못하는 게 아닐까 싶습니다. 특정 시대의 이데올로기에 의해 생겨난 하나의 주장에 불과한데도 말이죠.

남자, 여자를 떠나 결혼 후에는 당연히 배우자에게 충실해야 합니다. 하지만 많은 여자들이 일찌감치 결혼을 염두에 두고 연애 시절부터 한 남자에게 모든 것을 거는 경향이 있습니다. 정작 그 남자가 좋은 배우자감인지까지는 생각도 안 합니다.

상담을 하다 보면 많은 여자들이 자주 하는 말이 있습니다.

"결혼 전제로 사귀는 사이인데요."
"저도 남자친구도 나이가 있어서 결혼을 생각하고 사귀고 있어요."

이렇게 시작하는 글을 자주 보게 됩니다. 그런데 왠지 저렇게 시작하는 글을 보면 정말일지 의문이 듭니다. 여자가 '결혼 전제'의 관계라고 생각하게 되는 기준은 무엇일까요? 남자의 말 때문이 아닐까요? 처음 만났을 때 남자가 "이젠 나이도 있으니 결혼 전제로 여자를 만나보고 있어요." 이렇게 말할 수도 있습니다.

이런 말을 해놓고 다음 데이트를 신청하면 여자는 한치의 의심도 없이 결혼 전제로 사귀는 사이라고 생각할 확률이 높지요. 아니면 "이 다음에 너랑 살면 참 재미있을 것 같아. 넌 인테리어도 잘할 것 같고." 이런 식의 말도 합니다. 남자가 이런 말을 한다면 여자는 '아, 이 남자는 나랑 결혼을 생각하고 있구나'라고 믿어 버리지요. 하지만 역설적이게도 대부분 결혼 전제로 사귀는 여자들은 '나랑 결혼할 남자가 이래선 안 되는데……' 라는 고민을 하고 있습니다. 이미 남편으로 생각하면서 남자의 행동에 대해서 고민합니다.

"다른 여자랑 친하게 지내요."
"다른 여자랑 연락해요."

"예전 여자친구와 만나는 것 같아요."
"직장에 친한 여자가 있어요."

이런 문제를 가장 많이 고민합니다. 스스로 남자를 사이에 두고 경쟁하는 여자 중에 한 명이 되기를 자처하는 것 같습니다. 마치 이 문제는 내가 결혼할 여자가 아니라면 그냥 넘어가겠지만 결혼할 여자라서 이런 것은 뿌리 뽑아야 한다고 사명감을 느끼는 것 같습니다. 만약에 이런 고민을 주위에 털어놓으면 그런 문제는 결혼 전에 해결해야 한다며 다들 응원의 메시지를 보내주겠지요. 마치 경쟁자는 빨리 물리쳐야 좋다는 것처럼요.

"결혼 생각하고 있는데 남자가 아직 백수예요."
"결혼 생각하고 있는데 남자가 빚이 있어요."

혹은 남자의 경제력에 관해 이런 고민을 하는 여자들도 있습니다. 솔직히 이 정도가 되면 '결혼'도 아닌 '결혼 전제'가 무슨 법적 효력이라도 있나 싶을 정도입니다. 아직 결혼도 안 한 상태에서 남자의 경제력 고민까지 끌어 안고 있다니요.

확실히 프러포즈를 받을 때까지 나는 다른 남자를 만날 권리가 있습니다. 그리고 애인에게 다른 사람이 있지 않을까 불안해해야 하는 쪽은 여자가 아니라 남자입니다. 그래서 남자는 여자가 다른 남자를 만날까 걱정돼서 자주 만나려고 하고 다른 남자보다 월등해 보이려고 좋은 곳에 데려가고 자신의 에피소드를 과장해 말합니다. 물론 달콤한 약속도 많이 하지요. 그리고 급기야 자기 여자로 만들기 위해 프러포즈를 하는 것입니다.

이때야 말로 여자가 결혼에 대해서 진지하게 고민을 시작할 때입니다. 정말 이 남자랑 결혼해도 괜찮을까? 그래서 결혼하겠다는 결론에 이르면 그때 나머지 남자들을 정리하는 것입니다.

저는 가끔 한꺼번에 여러 남자와 데이트하는 것을 꺼리는 여자들에게 이런 말을 합니다. 1년에 한 명씩 만나서 10년 걸릴 것인지, 아니면 동시에 10명을 만나서 1년 걸리는 게 나을지 고민해보라고요. 그리고 실제로는 10명을 동시에 만나더라도 그들이 나에게 프러포즈한다는 보장도 당연히 없습니다.

여러 남자를 만나는 것과 여러 남자와 잠을 자는 것은 다릅니다. 중복 데이트를 마치 여러 남자와 개념 없이 관계하는 것이라도 되는 양 잘못 알아듣지 않기 바랍니다. 흔히 주위에서도 많은 남자를 만나보라는 말을 합니다. 그 말은 결혼을 결심하기 전까지 많은 남자와 데이트를 해보라는 말입니다. 내가 그 남자의 다른 여자들과 경쟁하는 것이 아니라 남자가 나의 다른 남자들과 경쟁하게 만들어야 합니다.

프러포즈도 하지 않는 남자를 더 이상 기다리지 마세요. 앞으로 5년 후에 결혼 생각이 있다는 남자와 '결혼 전제'로 사귀고 있다는 착각에서 하루 빨리 벗어나세요.

결혼은 내 인생을 좌우할 중요한 결정임에 틀림 없습니다. 인생이 걸린 선택을 쉽게 할 수는 없습니다. 결혼 후에 바뀌는 것이 별로 없는 남자와 달리 여자는 결혼으로 인해 많은 변화를 겪게 됩니다. 그런 여자가 자신을 위한 선택을 하기 위해서 최대한 기회를 갖는 것은 어찌 보면 너무 당연한 일입니다.

팜므파탈의 이미지를 그린 슈투크는 여성 편력이 화려한 다른 화가들과 달리 메리라는 여성과 결혼해서 일생을 함께 했습니다. 결혼 직후에는 가족을 위한 집을 직접 디자인했고 그 집은 현재 박물관으로 쓰여지고 있다고 합니다.

당신을 숨기는 남자와 사귀고 있나요?
그래도 둘이 있을 때는 잘해주나요?
바로 그런 생각이 들 때가
사랑보다 당신의 자존심을 지키기 위한
행동이 필요한 때입니다.

윌리엄 터너, 「펫워스에서의 뮤직 파티」

숨겨진 사랑,
자존심에 상처를 남긴다

윌리엄 터너 William Turner 는 17세기 영국의 수채화 화가로 아주 독특한 풍경화의 거장입니다. 그는 하늘과 바다를 원래 우리가 생각하는 파란색이 아닌 주황색, 검은색으로 표현해서 역동감을 느끼게 합니다. 그래서 터너의 그림은 한번 보면 잊혀지지 않는 강한 인상을 남깁니다. 그런데 그의 그림에는 좀처럼 사람이 나오지 않습니다. 「펫워스에서의 뮤직 파티」 작품에서도 검은 옷을 입은 여인이 피아노를 치는 모습이 얼핏 보일 뿐입니다.

그는 왜 사람을 그리지 않았을까요? 풍경화의 대가이고 풍경화가 좋아서일 수 있겠지만 제 생각에 그 의문의 답은 터너의 인생에 있을 것 같습니다. 공식 전기에 따르면 그는 일생 미혼으로 되어 있습니다. 그러나 비공식적으로는 친구의 아내인 세라 댄비와 사랑에 빠져서 두 아이를 둔 것으로 알려졌습니다. 하지만 윌리엄 터너가 죽고 유언장이 공개되기 전까지는 철저히 여자와 자식의 존재를 비밀에 부쳤다고 합니다.

이런 터너의 상황에서 사람이 배제된 그림이 나온 게 아닌가 싶습니다. 남자가 아무리 잘난 사람이라고 하더라도 일생 동안 숨은 사랑을 해야 하는 여자의 마음은 어떨까 생각해보면 가슴이 답답합니다. 영화배우 캐서린 햅번도 유부남인 스펜서 트레이시와 일생 숨은 연인으로 지냈고 이 사랑을 숨기기 위해 언론과 인터뷰도 하지 않았다고 합니다.

화가나 연예인뿐만 아니라 우리도 '숨은 사랑'을 할 때가 있습니다. 남자친구를 가족이나 친구에게 보여주고 나면 친구나 가족들이 나중에 남자친구에 대해서 이야기를 합니다.

"그 남자 별로인 것 같아. 너를 너무 안 챙기더라."
"남자가 좀 너한테 말을 함부로 하더라."
"엄마한테 잘 못하는 것 같던데?"
"고기 좀 더 시키려니까 싫어하는 것 같더라."

남자의 사교적인 면이 부족하다는 둥 다른 사람도 있는 자리에서 여자친구에게 너무 무심하다는 둥 부정적인 평가가 쏟아질 때, 그 모든 말을 제압해버리는 신비의 말이 있지요.

"그래도 둘이 있을 땐 잘해줘."

이 말을 듣고 나면 누구도 아무 말을 못하게 되지요. 거기서 대화는 종료됩니다. 정작 둘만 있을 때는 볼 수 없으니 이 말은 '너희들이 보는 것과 달리 남자는 나에게 애정이 많아'라는 뜻을 갖습니다. 이 말이 가진 힘은 숨은 사랑을 계속하게 해준다는 데 있습니다. 주변 사람들의 충고도 눈도 다 부정하며 그 남자에게 모든 것을 겁니다.

그런데 '둘이 있을 때 잘해주는' 게 과연 무엇일까요? 다시 냉정하게 생각해봅시다. 둘이 있을 때 손을 잡거나 뽀뽀를 하거나 혹은 그 이상의 진한 스킨십을 잘해준다고 착각하고 있는 게 아닌지 말이에요. 남자가 제일 상냥하고 친절해질 때가 '섹스하기 직전'이라는 것을 잊어서는 안 되겠습니다. 실제로 결혼 생활을 하는 분들은 아시겠지만 남편이 평소와는 다른 행동을 할 때가 있습니다. 갑자기 술을 마시자고 하거나 혹은 아주 천진난만한 눈빛으로 바라보거나 괜히 잠자리에 일찍 들자고 달콤한 목소리로 이야기할 때 직감적으로 알 수 있지요. 남편이 무엇을 원하는지요.

아마 세계를 제패했던 나폴레옹도 조세핀과의 잠자리에 칼을 휘두르며 나타나지는 않았을 것입니다. 나폴레옹도 조세핀에게는 한없이 상냥하지 않았을까요?

둘이 있을 때 잘해준다는 것은 스킨십을 위한 예비 행동에 지나지 않을 수 있습니다. 정말 잘해주는 남자는 여러 사람 앞에서도 잘해주고 둘이 있을 때도 잘해줍니다. 사람들 앞에서 쑥스럽다고 무시하거나 혹은 비하하는 농담도 하지 않습니다. 다른 사람들 앞에서 나를 대하는 태도와 둘만 있때 나를 대하는 태도 둘 다 중요합니다. 둘만 있을 때 잘하는 것이 뭔지 다시 한번 냉정하게 생각해보기를 바랍니다.

더불어 남자가 자꾸 자신의 존재를 숨기려 할 때는 심각하게 생각해봐야 합니다. 공식적인 관계를 원하는 남자들은 친구를 만나는 자리에 여자친구를 데려가거나 부모님에게 소개시키려고 합니다.

사귀는 남자가 최대 1년 동안 자신의 친구들 혹은 부모님에게 소개를 시키지 않는다면 당신은 남자의 심심풀이 상대이거나 섹스 파트너에 지나지 않을 확률이 높습니다. 그럼에도 불구하고 당신은 그 남자의 사랑을 받을 수 있다면 숨겨진 여자로라도 관계를 유지하고 싶다고 생각할지 모르겠습니다. 말 그대로 둘이 있을 땐 잘해주니까요. 그렇지만 중요한 사실은 사랑을 하면서 당신만 무언가 참고 견뎌야 한다면 그것은 잘못된 선택입니다. 물론 사랑이 때론 역경을 같이 넘어야 할 때가 있습니다. 서로 도와야 하고요. 그러나 모든 상황에 적용되는 말은 아닙니다.

나의 존재를 숨기려는 남자, 혹은 내가 자꾸만 숨기게 되는 남자, 이런 상황이라면 사랑보다 나 자신이 우선입니다. 내 존재가 얼마나 정당한 취급을 받고 있느냐는 중요한 문제입니다. 여자의 자존심을 잃게 만드는 사랑은 사랑이 아닙니다.

윌리엄 터너나 캐서린 햅번은 숨겨진 애인과 거의 평생을 헤어지지 않고 함께 지냈지만 결국 눈감는 날까지도 공식 커플은 되지 못했습니다. 캐서린 햅번은 스펜서 트레이시의 임종이 가까워지자 원래 부인을 불러서 임종을 지키게 하고 자신은 그 자리를 떠났다고 합니다. 이런 아량은 아무나 가능한 것이 아닙니다.

만약 지금 '숨은 사랑'을 하면서 그래도 언젠가는 공식적인 애인이 되거나 부인이 되리라고 기대를 하고 있다면 그 기대는 버리는 것이 좋습니다. 윌리엄 터너의 여자인 세라도 자식을 둘이나 낳았어도 공식적인 부인이 되지 못했고, 캐서린 햅번도 스캔들만 남겼을 뿐이니까요.

행복하라, 피카소처럼

나를 미치게 하는 마약 같은 사랑에서 벗어나라
사랑 받는 여자는 남자를 통째로 바꿀 수 있다
당신을 인생의 주인공으로 만들어주는 남자가 있다
죽을 때까지 약속을 지키는 남자도 있다
남자의 질투는 활용하기 나름이다
남자들의 행복한 비명을 제대로 이해하자
결혼이란 이상형이 아니라 현실적인 상대를 고르는 것이다
행복을 두려워하지 말자. 인생은 살면 살수록 장밋빛이다

나를 불안하게 하는 사랑은 사랑이 아니다.
마약처럼 중독되는 사랑은 사랑이 아니다.
감정 기복이 심한 것을 사랑이라 믿지 말자.
진짜 사랑은 안정과 편안함이다.

에드가르 드가, 「압생트」

나를 미치게 하는
마약 같은 사랑에서 벗어나라

한눈에 파국에 이른 커플이란 것을 너무 잘 알 수 있는 에드가르 드가Edgar De Gas의 그림입니다. 다른 곳을 응시하는 남자의 시선과 여자의 멍한 시선에서 더 이상 빠져나올 수 없는 깊은 수렁에 빠진 관계임을 느낄 수 있습니다.

여자 앞에는 압생트라는 독한 술이 놓여 있습니다. 마리화나와 같은 환각작용을 일으키는 성분이 포함되어 있어 현재는 금지되었다고 합니다. 고흐Vincent van Gogh도 압생트를 많이 마셔서 정신이상이 되었다는 설이 있습니다.

남자의 앞에 놓인 마자그란은 아이스커피와 탄산을 섞은 음료수인데 숙취에 좋습니다. 이 두 사람은 아침부터 취해 있습니다. 두 사람 뒤의 거울에는 커튼 사이로 들어오는 아침 햇살이 어른거립니다. 아무리 봐도 추락한 커플입니다. '두 사람 다 미쳤군'이라는 말이 나올 법한 분위기입니다.

매번 연애 상황에서 우리는 고민합니다. 이 감정이 사랑인지 의심하다가도 어느 순간에는 사랑이라고 확신합니다. 그러다가 여차저차 사랑이 끝나고 나면 '아, 그건 사랑이 아니었어'라는 확신과 함께 '그땐 내가 제정신이 아니었나봐'라는 깨달음을 얻는 순간이 있습니다.

어떤 순간이냐고요? 남자와는 이미 연락이 끊어졌는데 그 남자 때문에 쓴 카드 청구서가 날아옵니다. 카드만 썼으면 다행이지요. 현금서비스도 만만치 않습니다. 사랑에 돈은 중요하지 않다고 생각했지만 남자가 떠난 후에 자신에게 고스란히 남겨진 카드 청구액을 본다면 그게 정말 사랑이었는지 의심이 들기에 충분합니다. 돈만이 아닙니다. 정열적인 사랑이었다고 생각하고 섹스할 때는 좋았던 것 같은데 남자는 떠나고 원치 않는 임신으로 누구에게 말도 못하고 낙태수술을 고민하는 최악의 경우도 있을 수 있습니다.

아무리 후회를 하더라도 우선 눈앞에 닥친 돈 문제와 신체에 관한 문제를 스스로 해결하지 않으면 안 될 경우가 생깁니다. 그럴 땐 정말 '그땐 미쳤지'라는 생각이 절로 들 것입니다.

이런 후회스러운 일이 왜 일어날까요? 우리는 가짜 사랑의 감정을 느낄 때가 있습니다. 가짜 사랑이란 긴장과 불안의 상태의 관계입니다. 그 남자를 생각하면 불안하고 긴장됩니다. 물론 만나서는 좋겠지요. 그렇지만 떨어져 있을 때는 불안해서 일도 안 되고 계속 연락을 해서 위치를 추적해야 직성이 풀립니다. 이것은 사랑이 아니라 불안일 뿐입니다. 말대로 그 남자는 나를 미치게 하는 것이지요.

진짜 사랑은 '안정과 편안함'입니다. 하루 전화가 오지 않는다고 불안하지 않습니다. 그의 존재감을 항상 느낄 수 있습니다. 내가 전화를 하든 안 하든 그는 변하지 않는 마음으로 그 자리에 있으리라는 확신이 듭니다. 이와 반대로 연인이 보이지 않으면 금방 불안감을 느끼는 사람은 사랑에 대한 상당히 모순적인 생각을 하게 됩니다.

예를 들면 "난 그 남자를 믿어. 하지만 하루에 한 번은 꼭 전화를 해줬으면 좋겠어"라고 말합니다. 이것이 바로 가짜 사랑입니다. 그 남자를 믿는다면 하루에 한번 전화가 와야 한다는 불안감이 들지도 않을 것입니다. 실제로 많은 여자들의 문제는 본인이 가짜 사랑을 하는 것을 모른다는 데 있습니다.

연애를 하면서 남자친구하고 조금만 틀어지면 주변 사람들에게 짜증을 내는 당신, 헤어지자마자 불안해서 바로 전화를 걸어야만 하는 당신, 일분 일초라도 떨어져 있는 것이 불안한 당신, 혹시 다른 여자가 접근이라도 할까봐 만날 때마다 핸드폰을 뒤지는 당신, 그것은 가짜 사랑입니다.

진짜 사랑은 당신이 어디에서 무엇을 하든 든든한 마음으로 인생을 살아갈 수 있도록 지지해주는 관계입니다. 매 순간마다 남자친구를 떠올리며 아무것도 못하는 상태는 사랑이 아닙니다.

언젠가 저에게 누가 '보고 싶다'의 뜻이 뭐냐고 물어본 적이 있습니다. 영어로는 'miss'에 해당하고 일본어로는 '**あいたい**'입니다. 각각의 의미가 재미있습니다. 영어는 '잃어버렸다'라는 뜻도 되지요. 일본어는 '만나고 싶다'입니다. 이 말들의 공통점은 상대방의 '부재'를 느끼는 것입니다. 지

금 같이 없으니 같이 있고 싶다는 것이겠지요. 그러므로 떨어져 있으면 보고 싶은 게 당연합니다. 상대방의 부재를 느끼니까요.

그러니 '곁에 있어도 당신이 보고 싶다'는 로맨틱한 말은 진짜 사랑이 아니라 광기라고 봐야겠지요. 나를 미치게 하는 건 진짜 사랑이 아닙니다. 나의 풍요로운 마음을 더 커지게 하는 것이 사랑입니다. 가짜 사랑만 계속 반복하다 보면 불안과 긴장을 사랑이라 착각하게 됩니다. 왜냐하면 진짜 사랑을 모르기 때문이지요. 어서 가짜 사랑을 매듭짓고 진짜 사랑을 시작하세요.

처음에 이 그림은 구도가 이상하다는 비난을 받기도 했습니다. 하지만 일반적이지 않은 구도를 통해 드가는 어쩌면 커플 옆에 비어 있는 테이블에 대해서 말하고 싶었던 것은 아닐까요? 분명히 비어 있는 옆 테이블의 존재와 그쪽으로 옮겨 앉을 수 있는 가능성에 대해서 말하려는 것인지도 모릅니다. 옆 테이블로 한 발짝 옮기면 수렁에서 빠져나올 수 있다는 것을요.

남자를 원망하는 대신 이제 그녀가 옆 테이블로 옮겨 앉기를 바랍니다. 살짝만 옆으로 옮겨 앉아도 '진짜 사랑'을 시작할 수 있고, 마음 편하고 행복한 사랑을 발견할 수 있을 것입니다.

사랑으로 인해 남자가 바뀐다는 것은
여자가 얼마만큼 남자를 사랑하는가가 아니라
남자가 얼마나 여자를 사랑하는가에 달려 있다.
사랑하는 여자가 아니라 사랑 받는 여자가
남자를 통째로 바꿀 수 있다.

오딜롱 르동, 「웃는 거미」「하얀 꽃병과 꽃」

사랑 받는 여자는
남자를 통째로 바꿀 수 있다

르동Odilon Redon의 초기 그림과 후기 그림입니다. 르동만큼 갑자기 그림 스타일이 바뀐 화가도 상당히 드뭅니다. 소재도 거미에서 꽃으로 바뀌었지만 두 작품에서 보이는 가장 큰 차이는 '색'입니다. 왼쪽「웃는 거미」에서는 검은색만 썼습니다. 그런데 오른쪽「하얀 꽃병과 꽃」에는 빨강, 파랑, 흰색, 보라, 주황, 노랑 등 다양한 색이 존재합니다.

이 차이는 어디서 비롯된 것일까요? 르동이 40세에 결혼한 부인이 그 계기입니다. 검은색에 거미나 괴물만 그리던 르동이 부인 카미유를 만나면서 꽃을 그리고 여자를 그리기 시작합니다.

르동은 "아내에게서 운명의 여신을 보았습니다"라는 편지를 썼습니다. 그리고 결혼에 대해서 "결혼하던 날 내 입에서 나온 '예'라는 말은 순수하게 진심에서 나온 표현이었으며 불순한 마음은 조금도 섞이지 않았다. 그것은 나의 천직보다 절대적인 확신이었다(1898년 10월 2일 르동의 편지에서)"라고 쓰며 부인에 대한 애정을 표현했습니다.

르동을 보면 한 여자에 대한 사랑이 누군가의 인생관을 얼마나 바꿀 수 있는지 느낄 수 있습니다. 그리고 동시에 남자의 사랑 방식은 '사랑하기 때문에' 라는 생각이 듭니다.

흔히 하는 질문이 있습니다. "그 남자가 왜 좋아? 어디가 좋아?"라고 친구들끼리 묻지요. 가장 흔한 대답은 "잘해주니까" 입니다. 아니면 사람에 따라서는 잘생겨서, 혹은 능력이 있어서라는 답변도 나올 수 있습니다. 여기에서 주목해야 할 숨어 있는 의미는 '…… 때문에 사랑한다' 입니다.

여자는 그 남자가 잘생기고 능력 있고 나에게 잘해주기 때문에 사랑합니다. 우리는 그 말을 들으면 다 납득이 됩니다. 아마도 그게 여자들이 사랑을 느끼는 방식이기 때문일지도 모르겠습니다. 나한테 무언가를 해주지 않으면 날 사랑하지 않는 거니까요. 그래서 우리는 남자가 아무것도 해주지 않으면 다그치고 사랑한다면 행동을 보여달라고 요구하거나 하다못해 말이라도 하라고 합니다. 왜냐하면 '…… 때문에 사랑한다' 라는 전제 조건을 갖고 있기 때문입니다.

남자는 여자와 반대입니다. 남자는 사랑하기 때문에 잘해줍니다. 순서만 바뀐 것인데 상당히 다른 의미가 됩니다. 사랑하니까 이유가 없어집니다. '사랑하니까 만난다' 와 '만나니까 사랑한다' 의 차이인 셈이지요. 여자는 '만나니까' 사랑을 느낄지 모르지만 남자는 '사랑하니까' 여자를 만나려고 하는 것입니다.

여자들은 끊임없이 남자의 애정을 확인하려고 행동을 요구하고 묻고 또 반응을 보려고 합니다. 왜냐면 '…… 때문에 사랑한다' 이니까요. 그러나 남자는 '사랑하니까' 를 전제로 움직입니다. 사랑하니까 데이트하고, 키스하고, 결혼을 결심하는 것입니다.

자, 이것이 어떻게 작용할까요? 여자는 자신이 느끼는 사랑의 방식대로 '이렇게 하면 남자가 좋아할 거야. 날 사랑할거야' 라고 믿습니다. 내가 전화하고 만나러 가고 또 선물을 해주면 남자가 날 더 사랑해줄 거라는 생각을 합니다. 그러나 남자는 '……때문에 사랑한다' 라는 생각이 없기 때문에 여자가 전화를 해주고 만나러 오고 선물을 해줘서 더 사랑하게 되지는 않습니다.

남자는 사랑하기 때문에 여자에게 전화를 하고 만나러 오고 선물을 하는 것입니다. 사랑하는 여자니까 노력하는 것입니다. 그러므로 남자에게 이 전제조건은 상당히 중요합니다. 친구니까, 애인이니까, 엄마니까 하는 식의 전제 하에 모든 행동이 이루어집니다.

그래서 처음부터 남자에게 여자로 여겨지지 않는다면 연인으로 발전하기 어려울 수도 있습니다. 남자들은 예쁘고 애교가 많아서 여자라고 느끼는 게 아니라 여자니까 예쁘고 애교가 많다고 생각합니다. 그래서 남자의 사랑을 얻기 위해 취하는 여자들의 노력이 통하지 않는 것입니다.

남자들은 한번 '착한 여자' 라고 생각하면 살인을 저질러도 '착한 여자'

라는 생각을 바꾸지 않습니다. 실제로 여자가 잘못을 했다고 해도 '착하다' 라는 전제가 있다면 '착한 사람이니까 화가 나서 그랬을 거야' 라고 이해하게 되는 것이지요. 여자들처럼 '착한 줄 알았는데 화를 내는 걸 보니깐 착한 사람이 아닌가 봐' 라고 생각하지 않습니다. 그래서 '사랑하는 여자' 라는 전제에서 남자와의 관계를 시작한다면 당신은 이기는 연애를 할 수 있을 것입니다.

르동의 아내 카미유는 지적이고 총명했다는 정도 외에 거의 알려진 사실이 없습니다. 그녀는 40세의 르동과 27세에 결혼했습니다. 꽃을 그리는 남편을 위해 카미유는 야생화를 꺾어다 놓고 여름 별장의 정원에 씨를 뿌려 꽃으로 가득 찬 풍경을 만들었다고 합니다. 르동에게 꽃은 곧 운명의 여신인 부인을 의미했고, 부인을 사랑하니까 자기 안에 있던 밝은 면도 밖으로 표현될 수 있었을 것입니다.

여자는 꽃에, 남자는 나비에 비유된다.
그림도 꽃이 주인공이고 나비가 조연인 경우가 많다.
남자는 사랑하는 여자를 주인공으로 만들어주기 위해
위험도 무릅쓰는 존재다.

이쾌대, 「2인의 초상」

당신을 인생의 주인공으로
만들어주는 남자가 있다

오! 어여쁜 아가씨여, 오! 나의 귀여운 천사여!

나는 지금 안타까움을 이기지 못하여 오직 책상 앞에 우두커니 앉아서 무아몽중無我夢中에 있습니다.

사랑하는 나의 귀동녀貴童女여!

당신은 왜 이다지 나의 마음을 끕니까. 무어라고 형언할 수 없는 향기가 솟아나며 하늘나라 어린이들이 우리 두 사람 머리 위에서 날면서 행복의 씨를 뿌려주는 것 같습니다. 이 세상 만물을 하느님이 창조해낼 적에 어떤 해 며칠날 유씨 따님과 이씨 아드님이 서로 만나서 그날부터 그 두 사람의 사이에 온전하고 행운한 사람이 움터서 영생토록 향락하게 살라는 것을 미래의 두 젊은이들에게 약속하셨나 봅니다.

그렇지 않습니까. 나중에 그 두 남녀의 이름을 갑봉이라 하고 쾌대라고 명명하셨더랍니다.

오! 우리 두 사람은 가장 행복되고 가장 도적 없는 굿굿한 사랑을 가진 소신자입니다. 아침에 내가 당신을 떠나올 때 나는 한없이 괴로움을 느꼈습니다. 그곳이 사람 사는 집이 아니었었고 거칠 것 없는 넓은 들판이었었더라면 당신과 나는 참되고 끝없는 꿈을 꾸었을 것입니다. 어린 양과 같은 당신을 나의 품에 보듯이 안고서.

오! 내 사랑 내 사랑, 참된 나의 사랑!

한 떨기의 장미꽃. 나는 그 옆으로 배회하는 별 나비올시다. 장미꽃과 별 나비는 이미 예약된 사이였고 그 두 사이에는 아리따운 사랑이 소근소근 속삭이고 있었더랍니다.

이 글은 화가 이쾌대가 아내 유갑봉에게 구애할 때 보낸 편지입니다. 이쾌대는 유복한 집에서 태어나 일본에서 그림을 배웠고, 서양 화가인 레오나르도 다빈치, 보티첼리, 다비드 Jacques-Louis David 등의 영향을 받았습니다. 그러나 월북화가라는 이유로 오랜 세월 사람들에게 알려지지 못했습니다. 월북화가들 사이에서 이름도 '이O대'로 소개되곤 하던 게 전부였습니다. 그러다 1988년 해금 조치 이후, 그의 많은 작품이 알려지면서 높은 평가를 받기 시작했습니다.

「2인의 초상」은 그의 그림 중에서 유독 눈길을 끄는 작품입니다. 1932년 조미전 朝美展 에서 입선하고 학생전에서 상을 탄 이쾌대는 유갑봉을 만납니다.

첫눈에 반한 이쾌대는 유갑봉을 따라다니다 못해 집안의 중매를 앞세워 결혼을 추진합니다. 이쾌대는 그렇게 아내가 된 유갑봉을 모델로 수많은 그림을 그렸습니다.

그중에도 「2인의 초상」은 어떤 그림에서도 보지 못한 특이한 구도로 그려졌습니다. 정면을 바라보고 있는 아내 유갑봉을 화면의 중심에 세우고 색깔도 없이 실루엣만으로 이쾌대 자신을 뒤에 그림자처럼 그려 넣은 것입니다. 저는 이 그림만으로도 이쾌대가 부인을 얼마나 사랑했는지 어떤 생각을 가지고 있었는지 충분히 알 것 같습니다. 보통 아내만 그리거나 혹은 둘이 다정히 있는 모습을 그릴 텐데 자신을 그림자로 그려넣다니요.

두 사람은 결혼 후, 같이 일본 유학을 떠났고 늘 함께했습니다. 슬하에 아이들도 넷이나 두었으며, 이쾌대는 가족들에게 한번도 큰소리를 낸 적이 없었고, 꽃 가꾸기를 좋아하고, 아들에게 가면도 만들어주는 자상한 아버지였다고 합니다.

그러나 전쟁 포로가 되어 부산 수용소에 잡혀간 후로는 그의 행적을 알 수 없게 됩니다. 아내 유갑봉은 이쾌대가 북으로 간 후에도 이쾌대의 그림을 소중히 보관했고, 3년 동안은 옷가지를 팔아 연명하고, 포목점을 하면서 네 자녀를 키웠다고 합니다. 유갑봉은 그림을 팔라는 유혹도 뿌리치며 이쾌대의 그림을 지켜냅니다. 어쩌면 그것은 단순히 그림이 아니라 아내를 향한 이쾌대의 사랑이었기 때문이겠지요.

남자들 중에는 자신이 주인공이 되려는 사람이 있는 반면에 사랑하는 여자를 주인공으로 만들어주는 남자가 있습니다. 파티에서도 화려한 여자의 드레스는 스포트라이트를 받지만 그 옆에 서 있는 남자들은 단정한 검은 신사복으로 여자를 더 빛나게 만들어줍니다.

어쩌면 이쾌대도 아내를 주인공으로 하고 자신은 그림자로 등장하는 것에 만족했는지 모릅니다. 이런 남편의 사랑 때문에 유갑봉도 남편의 그림을 소중히 보관했겠지요. 이쾌대가 부산 수용소에서 아내에게 보낸 마지막 편지에는 이런 구절이 있습니다.

> 아껴둔 나의 색채 등은 처분할 수 있는 대로 처분하시오. 그리고 책, 책상, 헌 캔버스, 그림들도 돈으로 바꾸어 아이들 주리지 않게 해주시오. 전운(戰雲) 이 사라져서 우리 다시 만나면 그때는 또 그때대로 생활설계를 새로 꾸며 봅시다. 내 맘은 지금 우리집 식구들과 모여 있는 것 같습니다.

가장으로서 가족의 생계를 위해 자신의 작품도 팔라고 말하고 있습니다. 자신보다 아내와 가족을 걱정했던 이쾌대는 「2인의 초상」이란 그림 속에서 말없이 자신의 사랑을 보여주고 있습니다. 이쾌대가 아내 유갑봉에게 했듯이 나를 주인공으로 만들어주는 남자라면 그 사랑은 평생 지킬 가치가 있습니다.

남자의 사랑이
여자를 책임지고 보살피는 것이라면
여자의 사랑은
남자를 올바른 방법으로 응원하는 것이다.

장 프랑수아 밀레, 「이삭 줍기」

죽을 때까지 약속을 지키는
남자도 있다

밀레Jean-Francois Millet의 「만종」과 「이삭 줍기」라는 그림은 너무도 유명합니다. 그러나 이 그림이 밀레의 두 번째 아내 카트린느를 위한 그림이라는 사실을 아는 사람은 그리 많지 않습니다.

밀레는 농민화가로 알려져 있고 농민들의 삶을 사실적으로 표현했다고 하지만 사실 밀레는 일생에 한 번도 농사를 지은 적이 없습니다. 그는 유복한 집안에서 태어나 파리에서 그림 공부를 했습니다. 그러나 첫째 아내와 사별한 후, 밀레의 인생은 완전히 바뀝니다. 밀레의 두 번째 부인 카트린느가 가난한 농부의 딸이었기 때문입니다.

둘은 결혼을 약속하고 동거를 시작했지만 밀레의 집안, 특히 할머니가 결혼을 허락하지 않았습니다. 그 당시에는 혼인신고를 했더라도 이의를 제기하면 결혼서약이 성립되지 않는 제도가 있었다고 합니다. 그래도 밀레는 꿋꿋이 카트린느와 아홉 명의 자식을 낳고 살았습니다.

밀레는 카트린느와 만나기 전 혹은 동거 초기에는 초상화나 여자의 누드를 주로 그렸지만 카트린느와 함께 바르비종이라는 마을로 옮겨와서는 카트린느의 삶과 관련 있는 농민 그림을 그리기 시작합니다. 밀레는 첫 번째 부인의 초상화는 네 개나 그렸지만 카트린느의 초상화는 하나밖에 남기지 않았습니다. 아마도 집안의 반대를 의식해서 마음 편히 그리기 어려웠겠죠. 그 대신에 카트린느에게 자주 들려주던 성서 이야기를 그림으로 그렸습니다. 그 작품이 바로 「이삭 줍기」입니다.

「이삭 줍기」는 구약성서 루트기에 나오는 이야기로, 기근 때문에 모아브라는 마을에 이주한 나오미는 그곳에서 남편과 두 아들을 잃습니다. 나오미는 큰 슬픔에 빠져 이스라엘로 돌아오고, 그때 둘째 아들의 부인이자 미망인이 된 루트도 함께 옵니다. 모아브 사람이었던 루트는 타향인 이스라엘에서 시어머니인 나오미와 함께 유복한 친척 보아즈의 밭에서 이삭을 줍습니다. 보아즈는 시어머니를 극진히 돌보는 루트에게 감동을 받고, 시어머니인 나오미는 루트를 보아즈와 맺어줍니다.

이삭 줍기는 가난한 농민이 삶을 연명하기 위한 하나의 수단이지만 이 이야기에서는 루트와 보아즈가 만나는 계기가 됩니다. 시어머니가 다른 남자에게 며느리를 시집 보낸다는 게 아이러니하기도 하지만 주어진 상황에 최선을 다한 루트가 보상을 받게 되었다는 뜻으로 이해하면 될 것입니다.

밀레는 아내에게 언젠가 꼭 정식 결혼을 하리라는 의미로 이 이야기를 들려주고 또 「이삭 줍기」라는 그림까지 그렸던 것은 아닐까요. 집안의 반대에도 불구하고 밀레가 카트린느와의 사랑을 지키고, 또 카트린느가 밀레의 사랑을 받아들일 수 있었던 힘은 어디에서 왔을까요?

성숙한 사랑은 '수용과 공감'에서 출발합니다. 수용은 말 그대로 사람을 있는 그대로 받아들이는 것이겠지요. 많은 사람들이 자신은 다른 사람의 의견을 수용하고 있다고 생각합니다. 표면적으로 남의 얘기를 잘 듣는 것, 그리고 남의 얘기를 들은 대로 그대로 흡수해버리는 것이 수용이라고 생각하기 쉽습니다.

'듣다'라는 뜻의 한자는 문(聞)과 청(聽) 두 개입니다. 우리는 그냥 아무 생각 없이 귀에 들리는 대로 듣는 경우가 참 많습니다. 한 귀로 듣고 한 귀로 흘리면서도 듣는 척을 하는 때가 많지요. 이렇게 듣는 것은 문(聞)입니다. 잘 보면 이 한자에는 귀를 뜻하는 耳(귀 이)가 들어 있습니다. 소문(所聞)에 쓰이는 한자입니다. 한편 청(聽)에는 마음을 뜻하는 心(마음 심)이 들어 있습니다. 청문회(聽聞會), 경청(傾聽) 등에 쓰이지요. 이른바 마음으로 듣는 것입니다.

우리가 좋아하는 남자의 얘기를 들을 때는 마음으로 듣는 자세가 필요합니다. 그것이 수용하며 듣기의 첫걸음입니다. 그리고 상대를 있는 그대로 받아들이는 수용을 하기 위해서는 제일 먼저 나 자신을 알아야 합니다. 나의 장점, 단점, 강점, 약점을 알아야 남도 있는 그대로 바라볼 수 있게 됩니다. 자기혐오가 강한 사람은 남을 잘 받아들이지 못하고 또 좋아할 수 없습니다. 콤플렉스가 강한 사람들이 대부분 사랑에 실패하는 이유도 여기에 있습니다.

　공감(共感)은 상대방에 대해서 '같이 느끼는 것'입니다. 우리는 간혹 공감과 동정을 착각합니다. 동정(同情)이란 한자에서 알 수 있듯이 동정은 '같은 마음'이 되는 것입니다. 흔한 예를 들어보죠.

　친구에게 상담을 합니다. 남자가 약속도 잘 안 지키고 연락도 잘 안하고 생일도 그냥 넘어갔다고 하면 대부분 예상되는 대답은 '그 남자 이상해. 당장 헤어져'라는 말이지요. 그럴 때 여자는 그 남자의 입장이 되어 열심히 변명합니다.

　"내가 그 남자 편드는 건 아니지만…… 그 남자가 원래 전 여친한테도 연락을 잘 안 했고 자기 집은 원래 생일 같은 거 안 챙긴대."

　이렇게 남자와 한마음이 되어서 변명 아닌 변명을 합니다. 이것은 동정이지 공감이 아닙니다. 공감이란 한 발은 그 남자에게 빠져 있지만 한 발은 내 쪽에 있는 상태입니다. 그 남자의 기분과 마음에 공감하지만 자기 자신을 잃어버리지는 않습니다.

　수용과 공감의 태도를 가질 때 여자는 사랑하는 남자를 응원할 수 있습니다. 잔소리를 하고 평가만 하려는 '엄마 같은 여자'에서 벗어나 예쁜 몸매로 춤추며 응원하는 '치어걸'이 되는 것입니다. 남자의 사랑이 여자를 책임지고 보살피는 것이라면 여자의 사랑은 남자를 올바른 방법으로 응원하는 것입니다.

　많은 여자들이 상담을 할 때 남자의 단점을 고치는 방법에 대해서 묻습니다. 남자의 음주 습관, 여자 관계, 게임 중독까지 여자들의 고민은 연애할 때만이 아니라 결혼 후에도 이어지는 것 같습니다.

한편으로는 이런 남자들의 버릇을 고치는 비법이 전해 내려오기도 합니다. 술 먹고 늦게 들어왔기에 문을 닫고 안 열어줬더니 다음부터는 안 그러더라, 게임 중독은 게임 사이트에서 강제로 탈퇴하게 해서 고쳤다 등 강력한 방법일수록 효과가 높다는 이야기도 합니다.

이 생각의 바탕에는 '다른 사람을 바꿀 수 있다' 라는 믿음이 있습니다. 그러나 '남과 과거'는 바꿀 수 없습니다. 바꿀 수 있는 것은 '나와 현재' 입니다. 그러므로 마음에 안 드는 습관이라고 하더라도 무조건 자신이 남자를 통제해서 고칠 생각을 하기 전에 '수용' 하는 태도가 필요합니다. 물론 이 수용이란 것은 무조건 인정한다는 의미가 아니라 상대방에 대해 있는 그대로 받아들이는 것이라고 할 수 있습니다. 그후에 나의 태도를 결정하면 됩니다. 정말 자신이 수용하기 힘들다면 남자와 헤어지면 됩니다. 술 먹고 늦게 들어오는 것이 자신이 정말 견딜 수 없는 문제일 때 그걸 고쳐서 관계를 유지한다는 것은 불가능합니다. 물론 일시적으로는 고쳐진 듯 보일 수도 있습니다. 그러나 남자가 스스로 결심한 후에 고치는 것과는 전혀 다릅니다.

여자에게 필요한 것은 남자가 스스로 깨닫고 자신의 의지로 행동에 옮길 때까지 지켜보는 태도뿐입니다. 그리고 그 기간 동안 잔소리가 아니라 응원을 하는 것이지요. 만약에 남자가 먼저 "담배를 끊어야겠다"라고 말을 했다면 "진작에 좀 끊지. 이제 생각했냐" 며 잔소리를 하기보다는 "정말 잘 생각했다. 나도 기쁘다"라고 응원해주는 것입니다.

어찌보면 당장 잔소리를 하는 것보다 어려운 일일 수도 있지만 장기적으로는 효과가 큰 방법일 수 있습니다. 나의 변화도 쉽지 않음을 알면서 타인의 변화에 대해서 너무 쉽게 기대하고 또 실망하는 것은 올바른 자세가 아닙니다. 진짜 애정은 내가 하기 쉬운 방법으로 남을 바꾸는 것이 아니라 내가 하기 어려운 방법으로 남의 변화를 기다려주는 것입니다.

아주 간단한 예이지만 수용과 공감이란 단순히 수동적인 태도를 말하는 것이 아니라 얼마나 깊은 배려와 애정에서 나오는 것인지 경험하지 않은 사람은 알기 어려울 것입니다.

카트린느의 '수용과 공감'의 사랑을 받아들인 밀레는 어땠냐고요? 밀레는 성서에 입각하여 평생 정직한 남자로 살았던 것 같습니다. 결혼을 반대하던 할머니가 돌아가신 후 둘은 혼인신고를 하고 정식 부부가 됩니다. 그리고 밀레는 죽기 일주일 전에 정식 결혼식을 올립니다. 한 여자를 평생 사랑하겠다는 약속을 끝까지 지켰으며 결혼식의 약속도 지킨 셈입니다. 카트린느는 죽는 날까지 약속을 지켜준 밀레 덕분에 행복한 일생을 보냈을 것입니다.

질투는 여자만의 전유물이 아니다.
여자의 질투와 남자의 질투가 다를 뿐이다.
남자의 질투를 제대로 알면
여자의 가치를 더 높이는 방향으로 활용할 수 있다.

프란시스코 고야, 「옷을 입은 마하」, 「옷을 벗은 마하」

남자의 질투는
활용하기 나름이다

고야Francisco Goya는 「옷을 입은 마하」 「옷을 벗은 마하」라는 제목으로 같은 여자를 두고 같은 장소에서 포즈도 똑같이 하고 두 작품을 그렸습니다. 마하Maja는 사람 이름이 아니라 스페인어로 귀여운 여자를 뜻하는데 지금까지도 이 그림 속의 주인공은 누구인지 밝혀지지 않은 채 미스터리로 남아 있습니다. 일반 여성의 음모를 최초로 그린 고야는 음란하다는 혐의로 소환되지만 이 그림의 주인공에 대해서 죽을 때까지 침묵을 지켰습니다.

그림과 관련해 또 하나의 흥미진진한 일화가 있습니다. 이 그림을 의뢰한 수상 고도이는 두 그림을 겹쳐서 걸어놓았다고 합니다. 「옷을 벗은 마하」 위에 「옷을 입은 마하」를 겹쳐서 걸어놓고 손잡이를 돌리면 「옷을 벗은 마하」가 앞으로 나오도록 한 후 은밀히 즐겼다고 합니다. 이런 발상은 '옷 벗기기 게임'을 개발해서 즐기는 요즘 남자들과 비슷한 것 같습니다.

이 그림을 보면 남자들의 이중적인 마음을 단번에 이해할 수 있을 것 같습니다. 여자의 알몸을 보고 싶어하면서도 절대로 다른 남자에게는 보여주고 싶지 않은 바로 그 마음이지요. 흔히 남자들은 여자친구에게 말합니다.

"짧은 치마 입지 마."
"가슴 드러나는 옷 입지 마."

왜 남자들은 다른 남자의 시선에 질투를 느끼는 것일까요? 남자들은 여자의 모습을 보면서 다른 남자들이 상상하는 것을 알고 있기에 걱정하는 게 아닐까요? 여자의 노출이 남자를 성적으로 얼마나 자극하는지 잘 알고 있다는 뜻입니다.

간혹 여자들이 남자의 질투심을 자극하는 전략을 이야기하는데 남자의 질투심에 대해서도 알아둘 것이 있습니다. 여자의 질투와 남자의 질투는 다릅니다. 남자들의 질투는 단순히 다른 남자를 만났느냐 혹은 많은 남자를 만나느냐에 있지 않습니다.

남자의 질투는 아주 명확합니다. 여자가 다른 남자와 섹스를 했느냐에 있습니다. 그러니까 여자의 알몸과 관련이 되는 것이지요. 그래서 현명한 남자들은 이런 질문(다른 남자와의 섹스가 연상되는)을 화제로 꺼내지 않습니다. 여자의 과거에 대해서 아예 묻지를 않지요. 행여나 다른 남자와 섹스 경험이 있었을까봐 두려운 것입니다.

만약 남자친구가 다른 남자를 만나는 것을 제약을 하려고 한다면 단순히 다른 남자를 만나는 것이 싫어서가 아니라 다른 남자와 섹스를 하게 될까봐 불안한 원인이 가장 큽니다. 그러니 남자의 질투를 자극한답시고 섹스를 떠올리게 하면 나중엔 감당하기 힘든 일이 일어날지도 모릅니다.

"난 인기가 많아." "화이트데이에 초콜릿 많이 받았어." 그냥 이렇게 불특정 다수에게서 호감을 받는 정도만 표현해서 질투심을 자극하면 됩니다. 절대로 어떤 과거의 애인이나 현재 주변에 어떤 사람이 있다는 뉘앙스를 비쳐서는 안 됩니다. 설사 지금 여러 명과 데이트를 하고 있더라도 남자에게 다른 남자의 그림자가 보이게 행동해서는 안 됩니다.

남자들이 "인기 많을 것 같은데요"라고 할 때 "아니에요. 남자들이 절 안 좋아하는 것 같아요"라고 굳이 부정하는 대답도 하지 마세요. 정말로 단순한 남자들의 눈에는 여자가 별로 보일 수 있습니다. 반대로 인기가 많다고 하면 자신이 보기에 별로일지라도 무언가 매력이 있다고 생각합니다.

그저 "가끔 좋아한다는 남자는 있어요"라든가 그것이 힘들다면 "전 모르겠는데요" 정도로 대답해둡시다. 엄청난 미인이라면 상대방을 안심시키기 위해서 "정말 저 인기가 없어요"라고 대답할 수도 있으나 보통의 여자라면 "인기가 없다"라는 대답은 자신을 더 보잘것없게 만드는 말입니다.

그리고 본인이 아무 남자하고나 자지 않는다는 걸 아주 명확히 해두는 게 좋습니다. 다른 남자와 잤다는 걸 아는 순간, 남자는 살인도 불사할 것입니다. 셰익스피어의 비극 〈오셀로〉처럼요. 남자의 질투가 살인을 부른 사레이지요. 지금까지 많은 드라마나 영화, 소설에서 다른 남자와 섹스한 사실을 알고 그냥 넘어간 남자는 거의 없습니다.

혹시라도 자신이 다른 남자와 섹스를 한 사실(과거가 아니라 현재)을 들켰을 경우에는 깨끗이 포기하는 게 좋습니다. 만약 남자가 용서를 하고 받아주더라도 남자에게는 지울 수 없는 상처가 되서 평생을 자기 자신과 상대 여자를 괴롭힐 수 있습니다. 반대로 다른 남자와 섹스를 한 사실이 없다면 여자가 먼저 헤어지자고 할 필요도 없고 당당하게 나가야 합니다. 그게 과거 일이라면 더 말할 필요도 없습니다.

그 외에 다른 이유로 질투심에 불타는 남자는 여자를 정상적인 방법으로 소유하기 위해 노력을 아끼지 않을 테고 당신을 행복하게 해주기 위해 노력할 것입니다. 남자의 질투심을 자극할 때는 그 선을 유념해야 합니다. 지나치면 자신마저 힘들게 하는 독이 된다는 사실을 기억하세요.

이 그림 속의 여인은 고야가 짝사랑했고 또 나중에 고도이의 애인이 된 알바 공작부인이라는 설이 가장 유력합니다. 알바 공작부인 후손들은 불명예를 씻겠다고 관에서 시체를 꺼내서 그림과 대조해보는 작업까지 했는데 결국 밝혀내지는 못했다고 합니다. 어쨌든 다른 사람에게는 옷 입은 애인을 보여주고 나는 옷을 벗은 애인을 보고 싶은 마음은 아마도 고야든 고도이든 세상 모든 남자들의 공통된 마음일 것입니다.

아내가 무섭다며 기념일을 챙기는
결혼한 남자들의 투덜거림은
진짜 불만이 아니다.
자신이 사랑하고 지켜야 하는 여자와
가정에 대한 '행복한 비명'이다.

메리 커셋, 「선상 파티」

남자들의 행복한 비명을
제대로 이해하자

메리 커셋(Mary Cassatt)은 모녀 그림을 그린 화가로 유명합니다. 유복한 집안에서 태어나 남부러울 것 없는 그녀는 화가가 되고자 했을 때 집안의 반대에 부딪힙니다. 심지어 아버지는 그녀에게 재정적 지원도 중단했었다고 합니다. 그럼에도 불구하고 그림에 대한 열정을 버릴 수 없던 그녀는 프랑스로 건너가 드가의 파스텔화를 보고 흠뻑 빠져듭니다. 드가의 작품이 자신의 인생을 바꾸었다고 이야기하는 커셋은 당시 드가를 직접 만나고, 그의 소개로 만난 다른 여류화가 베르트 모리조(Berthe Morisot)와 친구가 됩니다.

수많은 그림들 중 보통의 가정을 그린 그림은 그리 흔치 않습니다. 고대에는 성경이나 신화를 그렸고 정작 보통 사람을 그리게 되었을 때는 남자화가들이 대부분이어서인지 모르지만 여인의 초상화나 누드화가 많이 그려졌습니다.

드물게 보통의 가정이 드러나는 그림이 바로 커셋의 「선상 파티」라는 그림입니다. 남자는 노를 젓고 여자는 아이를 안고 남자에게 시선을 두고 있습니다. 휴일에 놀러 나온 평범한 가정의 모습이라는 생각이 듭니다. 그런데 은근히 많은 사람들이 그림 속 아내와 남편의 표정에 대해서 이야기합니다. 아내의 요구에 남자가 억지로 끌려 나와서 두 사람의 표정도 별로이고 남자는 책임감에 노를 젓고 있는 것이 아니냐고요.

많은 남편들이 이런 말을 하고 다닙니다.

"아휴, 오늘 빨리 들어가야 돼. 안 그러면 아내한테 혼나."
"오늘 기념일인데 맨손으로 들어가면 혼날 텐데."
"주말에 나 혼자 골프 치러 가면 아내한테 혼날 텐데, 무서워."
"집에서 담배 피면 혼나는데 빨리 끊어야지."

남자들의 이런 말을 무심결에 들으며 '아내가 굉장히 악처군! 저렇게 구속하는 결혼을 왜 했을까. 남자들이 불쌍하다' 라고 느낀다면 당신은 대단히 잘못 생각하는 것입니다. 저런 볼멘소리는 남자의 애정표현입니다. 오히려 저런 말조차 하지 않는 사람들은 아내에게 아무것도 안 해주는 경우가 많습니다.

"오늘 빨리 들어가야 돼. 아내를 너무 사랑해서."

"기념일인데 선물 사야지. 아내를 너무 사랑해서."

"주말에 골프 치러 안 갈래. 아내를 너무 사랑해서."

"담배 끊어야지. 아내를 사랑하니까."

남들 앞에서 이렇게 말하는 남자는 절대로 없습니다. 남자들은 남들 앞에서 직접적인 말로 아내에게 애정을 표현하거나 잘해주는 것을 제대로 교육받지 못한 사람들입니다. 만약에 아내를 의식하지 않고 집에 늦게 들어갈 거면 굳이 저런 말도 할 필요 없이 그냥 늦게 들어가면 됩니다. 그리고 기념일에 선물을 안 할 거면 남들에게 말할 필요도 없이 그냥 빈손으로 들어가면 됩니다. 아내를 무시하고 골프 치러 갈 거면 그냥 간다고 대답하면 됩니다. 아내의 잔소리를 무시하고 담배를 피우려면 그냥 피우면 됩니다.

여자들의 요구 조건을 안 들어주는 경우는 그냥 가만히 있으면 됩니다. 볼멘소리를 하는 남편들은 남들에게 자신의 편의를 봐달라고 애교로 이야기하는 것입니다. 오히려 저렇게 말하는 남편들은 아내에게 잘하고 문제가 없는 경우가 많습니다.

거꾸로 아무 말 없이 자기 하고 싶은 대로 하고 있는 남자들이 남들 눈에는 행복한 부부 생활을 하는 것처럼 보여도 어쩌면 부인에게 더 신경을 안 쓰고 있을 수 있습니다. 그러므로 남자들이 아내 흉을 보거나 아내에 대해서 이야기할 때 부정적인 얘기를 하더라도 그건 애정표현이 쑥스러워서 그런가 보다 하고 이해하면 됩니다.

혹시 남자가 "부인이 무서워서 일찍 들어가야 한다"라고 한다면 "부인이 뭐가 무서워? 애정 없는 부부생활 아냐?"라고 불쌍해하지 말고 집에 일찍 보내주세요. 역시 남편에게 "우리 부인은 무서워서……"라는 말을 듣는다고 해도 그리 걱정할 것은 없습니다. 설마 연약한 여자를 진짜 무서워하는 남자가 있다면 바퀴벌레도 못 잡는 겁쟁이일 테니까요.

우리는 매스컴에서 너무 완벽한 모습으로 그려진 이상형의 남편을 보아온 탓에 현실을 제대로 보지 못하고 있습니다. 기본적으로 돈도 잘 벌고 가정에 충실한 남편. 그러나 이 기본적이라는 것이 실제로는 얼마나 힘든가요? 좋은 남편이란 역시 이 기본적인 두 가지를 잘하는 남자입니다. 그러나 영화나 드라마처럼 항상 웃는 얼굴로 상냥한 말투로 잘할 수는 없습니다. 가끔은 불평불만도 하고 힘들다는 하소연도 할 수 있습니다. 그러나 그 말 속에 부인과 가정을 위한 애정이 있다는 것을 읽어낼 줄 알아야 합니다.

남편이나 남자친구가 '부인이 무서워서' 혹은 '여자친구가 무서워서'라고 한다면 사랑 받고 있다는 증거입니다. 여자와 가정에 대한 애정에서 우러나오는 남자들의 '행복한 비명'을 이해해주세요. 오히려 너무 심하게 속박하거나 잔소리를 하는 여자에 대해서 남자들은 '질린다'는 표현을 쓰긴 해도 무섭다고는 하지 않을 것입니다.

남자를 바꿀 수 있는 것은 잔소리가 아니라 여자에 대한 남자의 애정 그 자체입니다. 애초부터 남자를 통제하는 것은 남자 자신뿐입니다. 그러므로 남자의 자유 의지를 존중해야 합니다. 그것도 모르고 남자를 자기 마음대로 통제하려고 할 때 사이는 더 나빠지고 오히려 나만 상처를 받을 수 있습니다.

한동안 사랑의 유효기간은 2년 남짓이라며 호르몬으로 남녀 사이를 설명하는 가설이 떠돌았습니다. 이 호르몬론은 결혼 제도를 부정적으로 보는 이야기처럼 퍼지기도 했고 또 오래된 연인 사이에는 애정이 없다는 말의 근거로 해석되기도 했습니다.

많은 학자들은 호르몬뿐 아니라 일생을 함께하는 결혼에 있어서 어떤 식으로 애정이 이어지는지를 연구해왔습니다. 생리적 특성으로 보자면 남자의 애정은 일시적이기 때문에 결혼 후에 이어지는 남자의 애정을 설명하기엔 부족했습니다. 그래서 최근에 밝혀진 새로운 사실 중 하나가 사람은 헌신하면서 상대방에게 사랑을 느낀다는 것입니다. 물론 그 헌신은 물질적 헌신만이 아니라 감정적인 헌신도 포함된 이야기입니다.

남자들이 일생 동안 가족을 위해 돈을 벌고 또 가족과 정서적으로 교류하는 헌신이 애정을 유지하게 만든다는 설명입니다. 남자가 애정이 없어서 가정에 헌신을 안 하는 걸까요, 아니면 헌신을 안 해서 애정이 없어지는 걸까요? 앞의 설명에 따르면 헌신을 안 해서 애정이 없어지는 쪽일 수도 있습니다. 그러므로 남자들이 가정을 위해 돈을 벌고 주말에는 가족들에게 봉사를 한다고 불평하더라도 그것이 평생 가정을 유지하게 하는 원동력임을 기억해야 할 것입니다.

휴일에 뱃놀이를 하는 단란한 가정의 모습을 그린 메리 커셋은 안타깝게도 화가라는 직업이 결혼에 장해가 되었습니다. 하지만 평생 독신으로 살았던 그녀가 그린 모녀 그림은 지금도 보는 사람에게 따뜻한 가족을 떠올리게 하는 매력이 있습니다. 휴일에 아내와 자식을 위해 노를 젓는 남편과 그 가족을 부러워하며 이 그림을 그렸을까요? 그녀도 마음 속으로는 따뜻한 가정을 원했을지도 모르겠습니다.

'결혼은 현실'이라는 말은
결혼이 행복과 거리가 멀다는 게 아니라
현실적으로 나를 위한 행복을 찾으라는 의미다.
정확한 '현실'을 인식하고
결혼상대자를 찾는 것이 출발점이다.

앙리 루소, 「결혼식」

결혼이란 이상형이 아니라
현실적인 상대를 고르는 것이다

루소Henri Rousseau의 그림을 처음 보았을 때, 화가의 이름을 알기 전부터 그림이 참 마음에 들었습니다. 무엇인지 모를 개성이 느껴졌습니다. 입체적이지 않고 독특한 평면적인 느낌들이 시선을 끌었습니다. 마치 2차원의 셀 애니메이션을 보는 듯한 느낌이었습니다.

 루소의 작품은 어느 것을 보아도 한눈에 그의 작품임을 알 수 있을 정도로 특이합니다. 그런데 이런 루소의 작품도 그 당시에는 어린 아이가 혀로 그려도 이것보단 낫겠다는 비판을 받았다고 합니다. 소위 일요화가였던 루소는 평일에는 세관 일을 했고 일요일에만 그림을 그렸으며 정식으로 그림을 배운 적도 없습니다. 그럼에도 불구하고 루소의 그림에 대한 열정은 대단했습니다. 세관을 은퇴하고는 전업작가로 살았으니까요. 더구나 두 명의 부인이 루소보다 일찍 죽어서 루소는 그림과 결혼했다고 할 정도였습니다.

루소는 현실과 가까운 곳에서 소재를 찾았고, 또 과학도감을 보고 정글의 풍경을 그렸다고 합니다. 이들 작품에는 사실과 환상을 교차시킨 상징적인 분위기가 담겨 있어서 루소만의 개성이 충분히 드러납니다.

　　하지만 루소의 작품은 그의 사후에서야 비로소 실질적인 평가를 받기 시작했습니다. 「결혼식」이란 그림도 생전에는 비판을 많이 받은 작품입니다. 그중에서도 '신부가 예쁘지 않다' 라는 비난이 많았습니다. 하지만 저는 '예쁘지 않은 신부'를 그렸다는 점에서 얼마나 루소가 현실과 환상을 잘 조합한 뛰어난 화가인지 알 수 있다고 생각합니다.

　　신부는 무조건 예뻐야 한다는 강박관념에 시달리며 많은 여자들이 결혼식 때 아름답게 보이기 위해 갖은 노력을 합니다. 루소는 어쩌면 그런 신부의 노력이 부질없다는 것을 보여주고 싶었던 걸까요? 아니면 결혼이란 환상이 아니라 현실이라는 것을 말해주려는 것일까요? 우리의 머릿속에 있는 결혼식의 이미지와 현실의 결혼식 사이의 차이를 루소는 이렇게 그림으로 보여주고 있는지 모릅니다.

　　현실적인 관점의 결혼이란 무엇일까요? 어쩌면 상대를 고르는 단계에서부터 시작이 아닐까요? 결혼이란 '이상적인 상대'를 찾는 것이 아니라 '현실적인 상대'를 고르는 것에서부터 출발해야 합니다. 아주 노골적으로 말하자면 내 수준에 맞는 상대를 고르는 것이라고 할 수 있습니다. 조금 더 알기 쉽게 설명한다면 이런 질문을 할 수 있습니다.

　　당신이 잘생긴 백만장자와 결혼할 확률이 얼마나 된다고 생각하시나요?

0퍼센트라고 대답하신다면 당신은 현실적인 상대를 고를 준비가 되어 있다고 생각합니다. 그런데 0퍼센트가 아니라 '혹시 알아? 우연히 길에서 마주쳐서 어쩌고……' 하며 소설을 읊거나 '설마 0퍼센트는 아니겠지. 나도 여자인데 0.00000000000000001퍼센트는 되겠지' 라고 일말의 희망을 갖는다면 당신은 아직도 현실적인 상대를 고를 준비가 안 되어 있는 상태입니다.

원리는 이렇습니다. 당신은 사장이고 회사에 경리사원이 필요합니다. 구직 공고를 냈습니다. 100명이 왔습니다. 서류심사와 면접을 봤습니다. 한 명도 마음에 안 듭니다. 당신은 어떻게 하겠습니까?

1. 안 뽑는다.
2. 그중에 제일 괜찮은 사람을 고른다.

정답은 2번이겠지요. 이게 현실적인 결혼에서 '타이밍의 원리' 입니다. 더 괜찮은 사람이 있을지도 모릅니다. 그러나 그 사람은 지금 다른 곳에서 일할 수도 있고, 혹은 바로 직전 어느 회사에서 이미 뽑았을 수도 있습니다.

결혼도 마찬가지로 '당신이 만날 수 있는 범위' 에서 가장 괜찮은 사람을 고르는 것입니다. 이 이야기가 바로 이상형이 아니라 현실적인 상대를 고른다는 의미입니다. 많은 사람들이 '넌 눈이 너무 높아. 이상형만 찾는 거 아냐?' 라는 말에 그럼 아무나 기준 없이 만나야 하냐는 대답을 합니다. 그러나 이 말은 현실에 있는 이상형의 근사치를 고르라는 의미지 아무하고나 결혼하라는 이야기가 아닙니다.

그리고 또 결혼을 생각하면 학벌, 경제적 수준, 지식 수준, 집안 환경 등등 많은 것을 고려하며 이것저것 차이가 있는지 없는지 비교합니다. 하지만 사실 어떻게 보면 그러한 조건들은 '도토리 키 재기'입니다. 무슨 말이냐면 당신이 백만장자를 만날 일도 없지만 노숙자를 만날 일도 없다는 것입니다. 당신이 만나게 되는 사람이라면 당신 수준에 어느 정도는 맞는 사람이란 뜻입니다. 아주 큰 차이가 나는 사람이라면 만남 자체가 이루어질 수 없습니다. 당신이 평생 아랍 왕자와 마주칠 리 없는 것과 같은 원리지요.

어른들이 흔히 말하는 '너무 차이가 나는 결혼은 안 된다'는 것도 어찌 보면 아주 큰 차이라기보다는 어떤 범위 안에서의 차이입니다. 그리고 서로 그 작은 차이 안에서 치열하게 결혼 상대자를 고르고 있는 것입니다. 나의 경쟁 상대는 고소영이나 안젤리나 졸리가 아닙니다. 미리부터 포기할 필요도 없고 너무 높은 경쟁 상대를 바라볼 필요도 없습니다.

결혼 상대에 대해서는 현실적인 기준을 세워놓는 것이 중요합니다. 막연히 집안 괜찮고, 서울에 있는 4년제 대학 나오고, 경제력은 중산층 이상, 이런 식으로 세운 기준은 아무 도움이 되지 않습니다. 기준에 다 맞는데 대머리라면 만날까요?

많은 사람들이 고개를 절레절레 흔들며 "아무리 그래도 대머리는 안 돼요" 할 것입니다. 그렇다면 저 위의 기준은 현실적인 기준이 아닙니다. 외모, 학력, 직업, 가정 환경 등 자신이 어느 정도 수용 가능한지 현실적으로 생각해보고 기준을 세우는 것이 좋습니다. 남편감이란 이상형이 아니라 현실적인 상대라는 것을 명심하세요.

그러지 않으면 '내가 너무 외모를 따져서 그렇지 외모를 포기하면 능력 있는 남자를 고를 수 있어'라는 착각에 빠집니다. 그러다 정말 외모를 포기해도 능력 있는 남자를 고를 수 없는 상태가 될 수도 있습니다. 그러지 않기 위해서는 자신의 객관적 기준을 알아야 하고, 그 기준을 알기 위해서는 많은 남자를 만나는 것이 중요합니다. 하다못해 회사에 취직을 하기 위해서도 최대한 많은 곳에 지원서를 내고 면접을 보는 게 당연하니까요.

될 수 있으면 많은 남자를 만나보세요. 대기업에 갈 실력이 안 되는 사람이 무조건 대기업에만 지원서를 내고 있다가는 평생 취직을 못할 수도 있습니다. 평생 취직을 못하는 것보다 더 무서운 것은 평생 자기 수준도 제대로 모르는 상태겠지요.

여전히 외모도 학벌도 경제력도 포기할 수 없다고요? 그것은 당신만이 아니라 모든 여자들의 공통적인 생각이니 굳이 나만 까다롭다거나 이상하다고 자책할 필요가 없습니다. 원래 여자는 남자보다 배우자를 고르는 눈이 까다롭도록 태어났습니다. 당신만이 아니라 모든 여자들이 보는 눈이 높다는 것이죠. 그러니 그 생각 자체를 부정적으로 생각할 필요는 없습니다. 다만 우리가 찾는 사람은 동화책 속 완벽한 왕자님이 아니라 '현실적인 상대'라는 것을 명확히 인식하고 만남을 가져야 할 것입니다.

무조건 예쁜 신부가 등장하는 동화 같은 결혼식이 아니라 예쁘지 않은 신부가 주인공인 현실적 결혼식 그림을 통해서 루소가 얘기하고 싶었던 것은 어쩌면 '결혼의 현실성'이 아니었을까요? 결국 정확한 현실을 인식하고 그에 맞는 사고를 할 때 나를 위한 행복도 찾을 수 있고, 결혼도 할 수 있을 것입니다.

누구도 당신의 인생에 대해서
함부로 말할 수 없다.
당신은 이 세상에서 가장 소중한 존재이고
앞으로 더 행복해질 사람이다.
그리고 평생 그 행복은 무럭무럭 자라나서
대대손손 이어질 것이다.

파블로 피카소, 「인생」

행복을 두려워하지 말자
인생은 살면 살수록 장밋빛이다

마지막으로 여러분에게 소개하고 싶은 그림은 피카소Pablo Picasso의 「인생」입니다. 아마 이 그림을 처음 본 사람이라면 피카소의 그림이 맞나 싶어 고개를 갸우뚱하실지도 모르겠습니다. 우리에게 피카소라면 입체파 화가로 유명하고 어린 아이의 그림 같은 도형이나 색깔의 이미지가 강하니까요.

피카소의 단짝 친구인 카를로스 카사헤마스가 자살을 했던 시기에 그린 「인생」이란 그림은 우울합니다. 그때를 블루의 시대라고도 하는데 이 시기를 지나 피카소의 그림은 점점 더 밝아졌습니다. 참 신기했습니다. 피카소는 블루의 시대를 지나 점점 더 행복해지는 인생을 보낸 것일까요?

우리는 종종 결혼하면 청춘이 끝나고 행복한 시절과는 안녕일 거라고 말합니다. 하지만 그런 생각은 틀렸습니다. 우리는 지금보다 더 행복해질 권리가 있습니다. 미혼일 때보다 더 행복해지기 위해서 하는 게 결혼입니다. 다만 우리 마음 속에 자리잡은 이상한 '행복 공포증' 때문에 행복에 다가가지 못할 뿐입니다.

　행복 공포증의 흔한 예를 들어 보겠습니다. 나름대로 아픈 사랑을 했다고 생각한 후에 한 남자를 만난 여자가 있습니다. 처음에는 남자를 사귈 생각도 없이 소개팅 자리에 나갔는데 여자의 쌀쌀맞은 태도에도 남자는 따뜻하게 대해줍니다. 헤어진 후에도 꼬박꼬박 연락을 합니다. 그리고 두세 번 아주 평범한 데이트를 합니다. 아직은 실연의 상처가 있지만 그래도 이 남자는 멀쩡한 남자 같다는 생각이 듭니다. 남자에게는 전과 다르게 아주 최소한의 예의만 차립니다. 그런데 남자는 점점 애정을 표현해오고 또 성실한 모습을 보여줍니다. 여자는 이 사람하고 결혼해도 괜찮겠다는 생각이 듭니다. 그런데 마음 한켠에 왠지 이상한 생각이 들기 시작합니다.

　　'내 인생이 이렇게 평온한 것이 괜찮은 걸까?'
　　'이 남자는 왜 나한테 잘해줄까? 이게 정상일까?'
　　'아냐, 언젠가 이 남자도 날 떠날 거야.'

　머릿속에서 온갖 상념이 떠다니기 시작하며 갑자기 여자의 태도가 돌변합니다. 남자에게 칭얼거리기 시작합니다.

　"나 정말 좋아하는 거 맞아? 나한테 뭘 해줄 수 있는데?"라며 들이댑니다. 물론 이것은 약과지요. 술이 들어가면 점점 과격해집니다. "나, 다른 남자 잊으려고 너 만난 거야. 그거 알아? 그거 알고도 나 좋아할 수 있어?" 아니면 이런 방향으로 나가기도 하지요. "너, 나 좋아하면 당장 결혼해. 내일이라도 결혼식장 잡아봐. 못하지? 날 좋아하는 거 맞아?"

처음에 남자는 다 받아줍니다. "너 술 많이 먹었나 보다. 괜찮아? 난 널 좋아하니까 이해해." 여기서 멈추면 문제는 커지지 않을 수 있습니다. 하지만 일단 봇물이 터진 행패는 만날 때마다 이어지게 됩니다. 한 번에 끝나지 않습니다. "너 딴 여자 있지? 회사에서 매일 만나는 여자 중에 너 좋아하는 여자 있지 않아?" 이렇게 트집을 잡기도 합니다. 아니면 만남 자체도 꼬투리를 잡지요. "전에는 매일 만나자더니 일주일에 한 번만 만나는 건 이상해. 내가 지겨워진 거지?"

이러면 점점 남자는 침묵 모드에 들어갑니다. 그리고 전에 만난 다른 남자들과 똑같이 연락을 잘 안 하는 상태가 됩니다. 그 후에는 연락해도 안 받는 단계로 들어가지요. 이러면 여자는 '드디어 올 게 왔구나. 역시 나에게 행복은 없어' 라는 결론을 내려버립니다.

왜 이렇게 행복해지는 것을 스스로 망치고 있을까요? 심리학 이론까지 가져와서 여러 가지 이유를 설명하기도 하지만 중요한 것은 그런 현상 자체입니다. 왜 행복해지는 것을 두려워해서 스스로 망치고 마는지 의문을 가져야 합니다.

이런 패턴이 반복되는 까닭은 '사랑 받는 것' 을 깨닫지 못하는 데 있습니다. 한 번이라도 제대로 된 사랑을 받아본 사람이라면 쉽게 자신의 상황에서 행복한 상태를 인지할 수 있습니다. 그러나 사랑 받는 것을 느껴보지 못한 사람은 정작 행복이 다가와도 그것이 행복인지를 모르고 떠나보냅니다.

사랑을 받는 것은 그리 단순하지 않습니다. 사랑을 받는다는 것은 상대방에게 관심을 받는 것보다 높은 차원의 이야기입니다. 상대방의 관심을 받기 위해서라면 좋은 일, 나쁜 일을 가리지 않아도 됩니다. 어쨌든 관심만 받으면 되니까요. 그러나 사랑을 받기 위해서는 나쁜 일을 해서는 안 됩니다. 상대방을 헐뜯거나 상대방에게 상처를 준다면 사랑을 받을 수 없습니다.

자신에 대해서도 마찬가지입니다. 자신을 학대하거나 자신에 대한 신뢰감이 없는 상태라면 남도 나를 사랑해줄 수 없습니다. 자기애가 부족한 사람은 행복해질 수 있는 순간에도 또 다시 자기에게 익숙한 불행의 상태로 스스로를 떨어뜨리고 맙니다.

의외로 행복 공포증을 앓고 있는 사람이 많이 있습니다. 그런 사람들에게는 찾아온 행복을 손 안에 넣고 움켜쥘 수 있는 용기가 필요합니다. 자신에게 행복이 찾아왔을 때 뒷걸음질 치거나 일부러 코를 빠트려 망치는 일을 하지 않도록 스스로 강해져야 합니다. 나는 그런 적이 없으니 행복 공포증이 아니라고요? 아닙니다. 행복 공포증은 의외로 뿌리 깊게 자리 잡혀 있습니다. 많은 여자들이 이렇게 말합니다.

'난 괜찮은 여자라고 생각하고 이제 자신감도 생겼어. 그런데 어디서 남자를 만나지?'

'나도 결혼하고 싶어. 그런데 이 나이에 남자가 있으려나?'

'나도 결혼해야겠어. 여기 이 지방까지 와주는 남자가 있으려나?'

'나도 꼭 결혼하고야 말 거야. 그런데 내 직업이 문제가 되지 않을까?'

이렇게 생각하는 여자들이 상당히 많습니다. 이것이 바로 행복 공포증입니다. 여러분의 행복을 가로막고 있는 것은 바로 이런 조그마한 불안입니다. '결혼하고 싶다'라고 생각은 하지만 그 생각을 전면에 내세우지 못하고 저마다 이유를 붙입니다. 그렇게 덧붙여진 이유가 당신의 행복을 가로막고 발목을 잡고 있는 것들입니다.

어쩌면 당신은 '나도 결혼할 마음은 있어'라고 생각하기에 자신이 긍정적인 사람이고 또 행복 공포증도 없다고 판단할 수 있습니다. 하지만 '결혼하고 싶어'라고 완전히 생각하지 않는 한 당신 안의 행복 공포증은 여전히 남아 있는 상태고, 남자를 만나서 관계가 발전될 때 발목을 잡을 수도 있습니다.

'이 남자가 이렇게 나이 많은 나를 왜 좋아하지?'

'이 남자가 왜 날 만나러 여기까지 오지?'

'이 남자가 왜 다른 여자를 놔두고 직업도 별로인 나를 만나지?'

이렇게 생각하기 시작하면 행복 공포증은 눈덩이처럼 커지기 마련입니다. 사람들을 만나면서 무의식 중에 나오기 마련입니다.

"○○씨 예쁘네요."
"제 나이에 예쁘다는 말은……"

"○○씨 만나러 그쪽으로 갈까요?"
"굳이 저 때문에 여기까지 오지 않으셔도 돼요."

칭찬을 고맙게, 호의를 감사하게 받을 줄 모르는 여자의 모습이 낯설지 않다고요? 행복 공포증이 없다면 남자의 호의를 온전히 기쁜 마음으로 받아줄 수 있습니다.

오늘도 과연 내가 행복해질 수 있을지 의심하고 있지는 않았나요? 온갖 걱정과 불안을 내려놓으세요. 자신의 행복을 갉아먹고 있는 것들입니다. 당신 안에 있는 행복 공포증을 완전히 털어내고 행복과 정면으로 마주하세요. 원래부터 그 행복은 당신의 것이었습니다.

피카소는 20대에「인생」을 그렸지만 말년에는 인생을 주제로 하기보다는 자신의 주변을 소재로 그렸습니다. 인생을 논하며 우울해하기보다는 일상과 주변의 것들에 감사하는 것이 행복한 인생임을 깨달았으리라 생각합니다.

행복은 돈이 많으면, 유명해지면, 학위를 따면 얻게 되고 그후에는 유지되는 그런 유한한 물질이 아닙니다. 지금 불행하다고 생각하는 사람보다 지금 행복하다고 생각하는 사람이 앞으로 더 행복해지기 쉽습니다. 함부로 자신의 인생에 대해서 불행하다고 생각하지 마세요.

당신은 이 세상 누구보다 소중한 존재이고, 앞으로 더 행복해질 것이며 평생 그 행복은 무럭무럭 자라나서 당신에게 든든한 힘이 되어줄 것입니다. 피카소가 그러했듯이 인생은 살면 살수록 장밋빛이 된다는 믿음, 그것이 당신을 진짜 '장밋빛 인생'으로 이끌어줄 것입니다.

「소녀인가, 할머니인가?」

에필로그
관계의 해법은 나를 사랑하는 마음에 있다

이 그림에서 이제 처녀와 노파, 두 명의 여자가 보이시나요? 아직도 안 보이신다면 설명을 해드리겠습니다. 처녀의 얼굴과 턱 선은 노파의 코가 됩니다. 처녀의 목에 있는 목걸이 같은 선은 노파의 입이 됩니다. 처녀는 멀리 보는 시선이지만 노파는 고개를 숙이고 있는 모습입니다. 자, 이제 그림 속에서 두 명의 여자를 자유롭게 볼 수 있고 그와 더불어 지금까지 배경처럼 여겨져 보이지 않았던 나의 능력과 긍정적인 모습을 자유롭게 끌어낼 수 있게 되었나요?

저도 이 책을 쓰면서 그 동안 제목만 알고 있던 그림에 이렇게 많은 이야기가 있다는 것도 새롭게 알게 되었고, 그로 인해 몰랐던 나 자신의 새로운 모습도 발견하고, 인생을 돌아보는 소중한 경험을 했습니다.

지금까지 저는 '나 자신' 보다는 '타인과의 관계'를 그림의 중심으로 보아왔습니다. 그도 그럴 것이 전작은 주로 남녀 관계에 대한 내용을 다뤘고 제가 활동하는 온라인 카페에서도 주로 남녀 관계에 대한 상담을 했으니까요. 그러나 이 책을 쓰기 시작하면서 남녀 관계에 대한 애정과 나 자신에 대한 사랑, 그 사이에 놓여 있는 제 자신을 새롭게 발견하게 되었습니다.

그동안 저는 관계를 너무 중요하게 생각한 나머지 스스로를 사랑하는 것을 타인과의 관계를 원활하게 하기 위한 하나의 요소로만 인식하고 있었던 것입니다. 이제 초점을 전면적으로 바꾸어 나 자신을 그림의 중심에 두고 보기 시작하자 '무엇이 나를 사랑하는 것인가?'라는 본질적인 질문에 정면으로 부딪혔습니다. 그러자 어느 순간부터 사람들이 타인과의 관계를 잘 풀어가는 법을 다룬 제 글을 보고 "나를 더 사랑하게 되었어요"라는 독자 여러분의 말이 귀에 들어오기 시작했습니다. 행복한 관계란 결국 나를 사랑하고 아끼는 튼튼한 마음에서부터 시작된다는 단순한 진리가 배경 속에서 모습을 드러내더군요. 나를 사랑하는 것이 출발점이 되어 자연스럽게 타인과의 관계가 원활해진다는 사실을 깨닫게 된 것입니다. 어쩌면 우리가 자꾸만 관계 속에서 자신의 존재 의미를 찾으려고 애쓰기 때문에 오히려 관계가 어려워지는 것은 아닐까 싶습니다.

사람들은 타인과의 관계에 대해서 많은 고민을 합니다. 애인과의 관계뿐만 아니라 가족과 직장 동료, 상사, 친구 등등 타인과의 관계를 어떻게 하면 원활하게 할 수 있을까를 두고 누구나 한 번쯤 심각하게 고민해본 적이 있을 것입니다. 이런 관계의 갈등은 어쩌면 나를 사랑하는 것이 진정 어떤 의미인지 제대로 알고 있지 못해서 비롯되는 게 아닐까요?

문제나 단점에 집중하는 대신 나의 좋은 점은 이미 내 안에 있다는 믿음으로 지금까지 배경 속에 가려져 있는 자신을 재발견해보시길 바랍니다. 나를 사랑한다는 것은 그런 작은 발견에서부터 시작될 것입니다.

새로운 나를 발견하는 일, 그래서 나 자신을 더 사랑하고 나아가 사랑 받는 여자가 되는 방법은 무궁무진할 것입니다. 이 책을 읽은 당신이 모나리자처럼 웃고 있고, 비너스처럼 사랑하고 있고, 르누아르처럼 선택하고 있고, 피카소처럼 행복하다면 이제 앞으로는 당신만의 '나를 사랑하는 방법'을 찾을 차례입니다. 그런 여러분들에게 '나침반'을 선물하는 마음으로 이 책을 드립니다.

2010년 가을

피오나

사랑보다 나를 더 사랑하라

ⓒ 피오나 2010

1판 1쇄	2010년 10월 5일
1판 3쇄	2011년 7월 7일

지 은 이	피오나
펴 낸 이	김승욱
기 획	김영혜
편 집	김영혜 김민영
디 자 인	송윤형 정연화
마 케 팅	이숙재
펴 낸 곳	이콘출판(주)
출판등록	2003년 3월 12일 제406-2003-059호

주 소	413-756 경기도 파주시 교하읍 문발리 파주출판도시 513-8
전자우편	book@econbook.com
전 화	031-955-7979
팩 스	031-955-8855

ISBN 978-89-90831-86-6 03810

이 도서의 국립중앙도서관 출판시도서목록(CIP)은 e-CIP 홈페이지(http://www.nl.go.kr/ecip)에서 이용하실 수 있습니다.(CIP제어번호: CIP2010003304)